親鸞聖人《しんらんしょうにん》坐像《ざぞう》

親鸞83歳のときに描かれた「安城《あんじょうの》御影《ごえい》」を手本に彫られた木像。像高30.5㎝の寄木造で、決して大きくはないが、親鸞の面影が迫力を持って迫ってくるようである。現存する親鸞の坐像の中でも最も古いといわれている。(専修寺蔵)

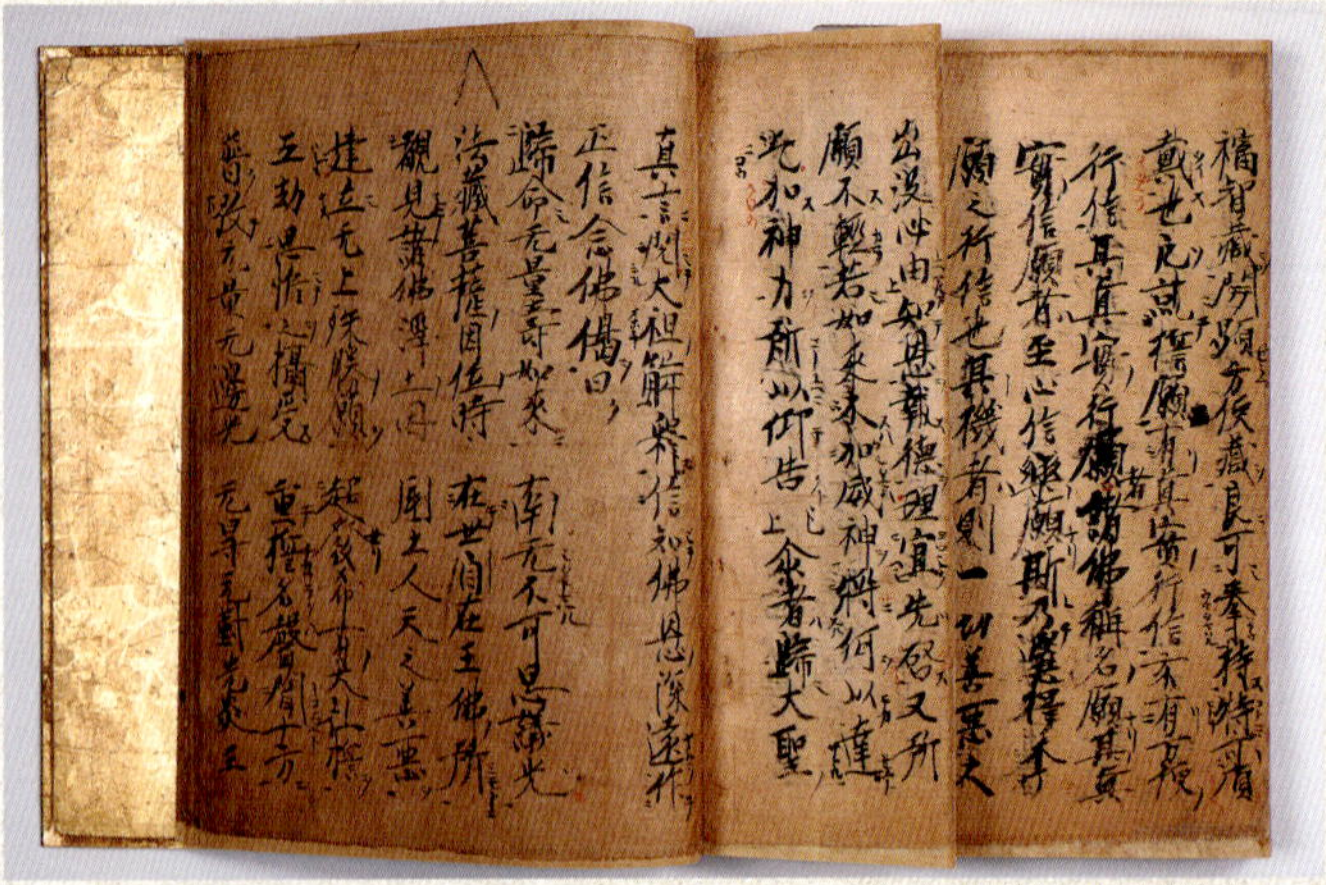

『教行信証《きょうぎょうしんしょう》』（坂東本《ばんどうぼん》）

正式には『顕浄土真実教行証文類』といい、親鸞が生涯をかけた著作である。この坂東本は、唯一の親鸞真跡（自筆）本。「坂東本」という呼称は、関東の門弟・性信が開基である坂東報恩寺に伝来されてきたことによる。上の写真は、行巻の末尾にある有名な「正信念仏偈（正信偈）」が書き始められる箇所。下の写真はその一部を拡大したもの。繊細な筆使いの中にも堅固な信心に生きる親鸞の心が伝わってくるようだ。（東本願寺蔵）

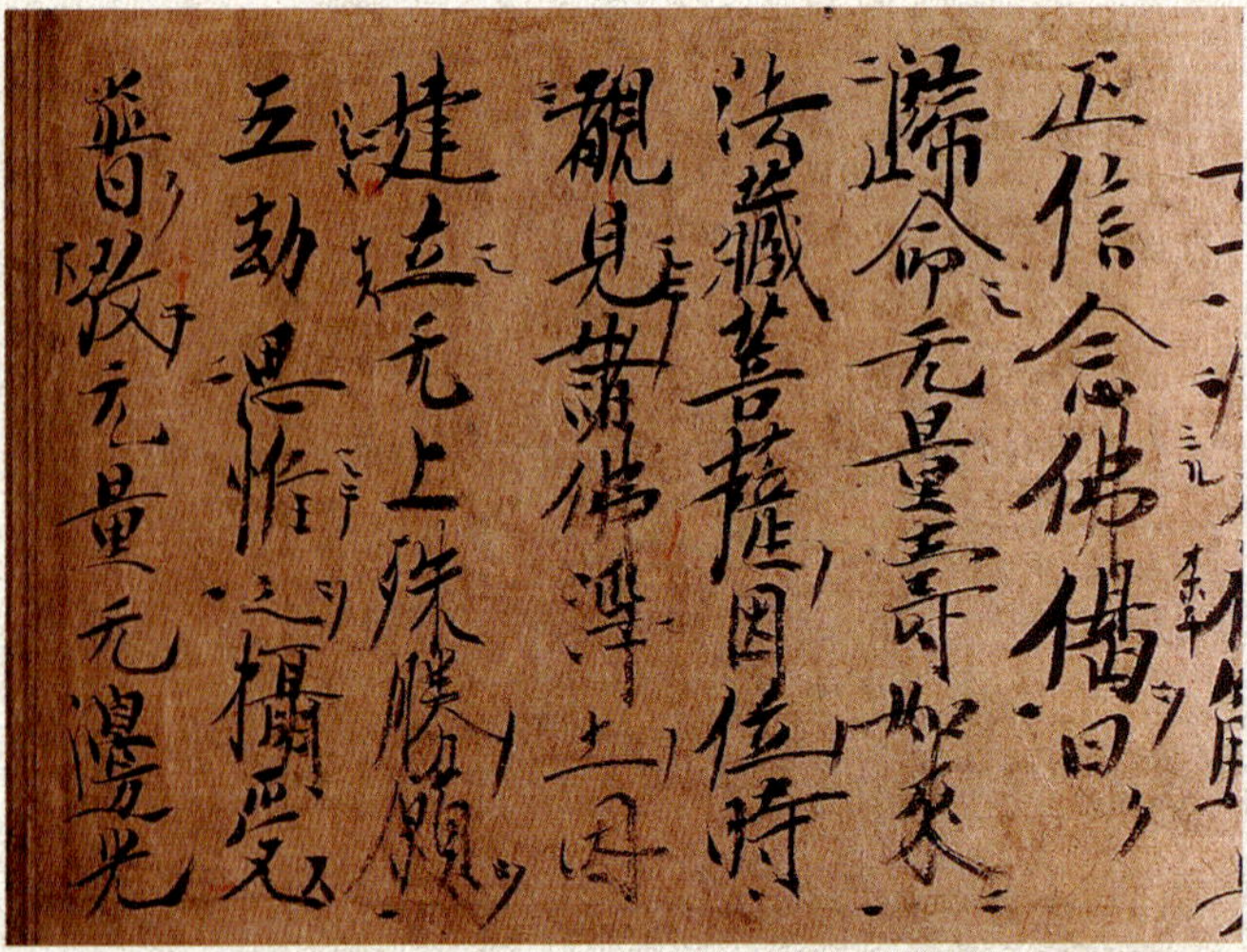

正信念佛偈曰
歸命无量壽如來
法藏菩薩因位時
覩見諸佛淨土因
建立无上殊勝願
五劫思惟之攝受
普放无量无邊光

『善信聖人親鸞伝絵《ぜんしんしょうにんしんらんでんね》』『選択本願念仏集《せんじゃくほんがんねんぶつしゅう》』を付属《ふぞく》され、真影《しんねい》を描く

33歳の親鸞は法然の著『選択本願念仏集』の付属を受けた。付属とは、奥義を伝授し、後世にその教えを伝えるよう託すこと。このとき、書写した写本に書名と「南無阿弥陀仏　往生之業　念仏為本」の文、さらに当時の親鸞の名「釈綽空」を法然に書いてもらっている。また同年、描かせてもらった法然の真影（肖像）には「南無阿弥陀仏」の六字名号などを書いていただいている。幸せな時期であった。（佛光寺蔵）

常陸《ひたち》の稲田《いなだ》で念仏の教えを説く親鸞

流罪の地越後をあとにして関東に旅立った親鸞は、常陸の稲田に草庵を結び、『教行信証』を執筆するかたわら、懇切丁寧に人々を教化した。教化は常陸・下総・下野を中心に関東全域から東北地方にまでおよんだ。（同上）

西念寺《さいねんじ》（茨城県笠間市稲田）

稲田の西念寺は、かつて親鸞が『教行信証』を書いていた草庵の旧跡であるといわれる。その跡を寺院にし、当初は東本寺と称していたが、のち嘉元二（1304）年、西念寺と改められた。稲田禅房・稲田御坊とも称される。

稲田《いなだ》の地はどこか京都に似ている

稲田から南西の方角には加波山がそびえ（写真右手）、稲田自体は低くなだらかな山々に囲まれた盆地。どこか京都に似ている。吾国山《わがくにさん》（写真左手）は比叡山を彷彿とさせるといわれるが、親鸞はこのような稲田で京都を思い、比叡山での挫折を振り返り、『教行信証』執筆に励んだことであろう。（西念寺境内から）

図説 浄土真宗の教えがわかる！
親鸞と教行信証

加藤智見

青春新書
INTELLIGENCE

はじめに

浄土真宗《じょうどしんしゅう》の開祖・親鸞《しんらん》は、とても人間臭い人でした。この人間臭さに魅かれた人々、たとえば作家たちもこれまで親鸞について多くの小説を書いてきましたので、これを読んで興味を持たれた方も多いと思います。また、親鸞の七百五十回忌が各本山でいとなまれ、多くの人々が参詣《さんけい》されたことでしょう。

こうして親鸞に関心を持った多くの人々は、おそらく次に親鸞の弟子・唯円《ゆいえん》が書いたとされる『歎異抄《たんにしょう》』などを読まれ、一層興味を持たれたことと思います。

ところが問題は、その後です。興味を持った方の多くは自然の流れとして、今度は親鸞自身が生涯をかけた主著『教行信証《きょうぎょうしんしょう》』を読もうとされるでしょう。ところがこの書を手にして読みはじめると、茫然《ぼうぜん》としてしまう方が多い。むずかしいのです。難解な仏教用語がびっしりで、数ページ読んでお手上げ状態になってしまうケースが多いようです。

私自身もそうでした。真宗の寺に生まれた私は、学生時代、吉川英治《よしかわえいじ》や丹羽文雄《にわふみお》の小説を読みあさり、親鸞の人間臭さに魅かれて『歎異抄』に移り、一層興味を覚えて『教行信証』に何度も挑《いど》んだのですが、まるで歯が立ちませんでした。そこで親鸞の他の著作を読んで理解に努めてきたのですが、『教行信証』に挫折した苦い思いが心から消えず、ずっと気になっていました。まして今では、その真宗寺院の住職でもあります。そこで親鸞に興味を持った方に、親鸞が命をかけたこの『教行信証』の概要だけでも知ってもらい、少なくとも親近感を失ってもらいたくないと考え、一念発起《いちねんほっき》し、本書執筆を決意しました。

『教行信証』は、親鸞自身の信仰の正当性を、手に入る限りの文献から引用し、それに「自釈《じしゃく》」という自分の解釈を加え、論証しようとした膨大な漢文の書物です。

そこで私は、この自釈の部分の主要な文だけを取りあげ、――この自釈の部分も難解な仏教用語で一杯ですので――まず思い切って仏教用語をできるだけ使わないで現代語に訳してみます。そして、それでもむずかしい語句だけに注をつけ、さらに取り上げた部分のあらすじを示し、その上に解説を加えて、できるかぎり『教行信証』を理解し、親鸞の胸のうちを読み取り、信仰の深みに触れて行きたいと思います。また親しみながら読んでいただくために、図や表を作り、写真を載せ、目からも読める工夫《くふう》をしてみます。

本書が読者の方々の関心と『教行信証』の間の、せめてパイプ役にでもなれるならば、と願っております。

加藤智見

図説 浄土真宗の教えがわかる！ 親鸞と教行信証●目次

第四章 『教行信証』を読み解く

※『教行信証』の原文は漢文で書かれていますが、付章の「原文」はそれを書き下し文にしたもので、『真宗聖典』（東本願寺出版部）から引用させていただきました。なお、この聖典所収の『教行信証』は、東本願寺蔵の親鸞聖人御真跡本、いわゆる坂東本が底本として用いられ、対校には専修寺本と西本願寺本が用いられています。

カバー写真提供／西本願寺
本文写真提供／専修寺、東本願寺、佛光寺、西本願寺、真福寺、龍谷大学、廬山寺、光専寺
図版・DTP／ハッシィ

序章

『教行信証』を読む前に

——新鮮な発想に満ちた書

●「念仏は私が称えるのではない」と説いた親鸞

いきなり、「念仏《ねんぶつ》は私が称《とな》えるのではない」などというと、驚く方も多いでしょうが、事実『教行信証《きょうぎょうしんしょう》』はびっくりさせられる言葉に満ちています。一般に念仏は、功徳《くどく》を積んだり、祖先の供養《くよう》をするために称えるものであるとされているからです。つまり念仏を称える主体を人間である自分のほうに置いているといえます。

ところが著者である親鸞《しんらん》は、『教行信証』で念仏は自分が称えるものではない、と明言しています。たしかに念仏を声に出して称えるのは人間であるが、それを称えさせている主体は阿弥陀仏《あみだぶつ》であるといい、念仏の主体をくつがえしてしまったのです。

親鸞によれば、「南無阿弥陀仏《なむあみだぶつ》」という念仏は、単に人間が考え出したり、作り出したりしたものではありません。阿弥陀仏という仏が、何の功徳も積めない人々のために考え抜き、誰にでも称えることができるようにと工夫《くふう》してくださったものだというのです。そ

親鸞聖人影像（安城御影副本）

「安城御影」とは、建長7（1255）年に描かれた親鸞83歳の像であるが、のちにその正本は像の面部が著しく破損した。上の像は蓮如の時代に忠実に写された副本である。（西本願寺蔵）

してこれを人に与え、ただひたすら称えるようにと阿弥陀仏が願ってくださっているのだから、素直にそれをいただき、喜んで称えさせていただく。これこそが念仏の真意であると彼は言うのです。つまり冒頭の言葉は、念仏は人が称えるものではあっても、真の主体は仏ご自身だという意味なのです。

●信じるのも私ではない

このように従来の念仏観をくつがえした親鸞は、信心観《しんじん》もくつがえしてしまいます。

普通、信じるという行為は「私は仏を信じる」というように、人が主体になるのが一般です。しかし親鸞は、このような態度をとることができませんでした。なぜなら、彼には自分が「信じる」行為そのものがいかに不純であるかが見えてしまったからです。彼は自分に得になること、つまり自分の欲望がかなえられるものしか信じられないといった、煩《ぼん》悩《のう》の雑《ま》じる信心以外の何ものも自分の中に見出すことができなかったからです。

しかしその苦しみにもがき抜いた親鸞は、やがて信じる心、つまり信心はじつは仏によって引き起こされ、開き起こされるものだということに気づいたのです。自分で作り出したり、磨くものではなく、信心を起こせない彼のために、すでに仏ご自身が信心を得させようと願ってくださっているのだ、と。この『教行信証』で「『信心を得る』ということは、私の力によるのではなく、阿弥陀さまが私のためにかけてくださった願い——つまり本願《ほんがん》をいただくことによって信心が起こされることをいうのである」と述べています。

仏の願いに気づいた瞬間、心の中に信心が生まれさせられ、引き起こされるというのです。子の幸せを願う母親の愛情に気づいたとき、何もかも忘れて母にすがり、全幅《ぜんぷく》の信頼を寄せる赤ん坊の心に似たものがありそうです。こうして信心の主体も仏に置かれます。

悟りもいただくもの

親鸞に至るまでの仏教では、みずからの修行によって煩悩を滅ぼし、悟《さと》りを得ることが目的でした。しかし〝念仏も信心も仏によって与えられる〟とする親鸞においては、悟り（証《しょう》）というものもまったく異なったものになるのです。

阿弥陀仏像

（愛知県・光専寺蔵）

彼が悟りについて述べた箇所は、こんな言葉で始まります。「つつしんで真実の悟り（証）

について明らかにさせていただくと、これは阿弥陀さまが与えてくださる他力《たりき》の働きが欠けることなく満ち満ちた境地《きょうち》である」。言い換えれば、悟りとは他力の働きに身をまかせれば、おのずと至《いた》らせられる境地ということになります。自分で悟りに至ろうとするのではなく、仏の願い、つまり四十八願《しじゅうはちがん》（『無量寿経《むりょうじゅきょう》』に出てくる阿弥陀仏の本願）の中の第十一願「必至滅度《ひっしめつど》の願（どんなことがあっても、必ず悟りの世界に至らせようと仏自身が願ってくださる願）」によって導かれる境地、それが悟りの境地であると彼は気づいたのです。

念仏も信心も悟りもすべてが阿弥陀仏からいただくもの、これが親鸞のいう絶対《ぜったい》他力です。死にもの狂いで修行し、煩悩を滅ぼして至るとされた従来の悟り観に対し、修行をなさずして導いていただけるという点で親鸞の悟り観は画期的だったといえます。

●極楽浄土とは、単に死んでから行くところではない

念仏も信心も与えられ、修行する必要もなく救われるとする絶対他力に身をゆだねた親鸞には、念仏を称え、死を契機に浄土《じょうど》に至るという従来の見方が正しいとは思えませんでした。死んだのち、西方《さいほう》はるか遠くにある、金・銀・瑠璃《るり》など宝石類に満ちた美しい極《ごく》

従来の仏教をくつがえす親鸞の言葉

一、念仏は仏の方から用意され、与えられている（『教行信証』行巻）

一、信じる心も、仏によって与えられている（『教行信証』信巻）

一、信心と念仏をいただければ、必ず悟りを開かせていただける（『教行信証』証巻）

一、金や銀に輝く浄土は方便の浄土である。真の浄土は色も形もない（『教行信証』真仏土巻）

楽《らく》浄土に生まれるという神話的な見方は信じられなかったのです。そこで彼は、このような従来の浄土観について徹底的に究明することになりました。

　経典《きょうてん》の真意を問いただしていくうち、たしかに「浄土三部経《じょうどさんぶきょう》」には、西のかなた十万億の仏の国のむこうに美しい浄土があるとは記されているが、『観無量寿経《かんむりょうじゅきょう》』では、浄土は「ここから遠くない」（去此不遠《こしふおん》）とも書かれている。つまり視覚に訴えるこのような浄土の描写は、方便《ほうべん》（仏が衆生《しゅじょう》を教え導くための便宜的な方法）ではないかと思い至ります。

　そしてこの方便の浄土を「化土《けど》」と呼び、その裏に隠された本当の浄土を「真土《しんど》」と呼んでその真意をたずねていったのです。その結果、浄土とはきらびやかな世界ではなく、煩悩から離れた静かな境地、すなわち無為涅槃《むいねはん》・寂滅《じゃくめつ》の境地であると突き止めます。現代風にいえばさまざまな悩みから解放され、安らぎに満ちた境地です。

さらに親鸞は、死を契機に浄土に行くのではない。念仏も信心も悟りも仏から与えられているのであるから、仏の思いやりに気づき、これに感謝できたとき、すでにその浄土に生まれ、住まわせられているのだと気づきます。つまり穢土《えど》（現世《げんせ》）に住みながらも、仏に思いをかけられていると感謝できる境地が、そのまま浄土であると理解したのです。

とはいえ、人は生きている限り煩悩から離れられませんから、浄土に住みきれません。だが、それならそれでよい、肉体から解放されるとき浄土に迎え入れられ、今度こそ真の浄土に住むことになるからです。このように親鸞は浄土観をもくつがえしてしまいます。

以上、仏教のいくつかの重要な要素について、親鸞の見方をかいつまんで見てきましたが、ことごとく意味がくつがえされていることに気づくでしょう。『教行信証』は、現代人が何となく受け入れている仏教的なものをくつがえす鋭く新鮮な発想が満ちているのです。次章では、この刺激的な書がいかにして生まれたのかを見ていきたいと思います。

第一章

親鸞と『教行信証』

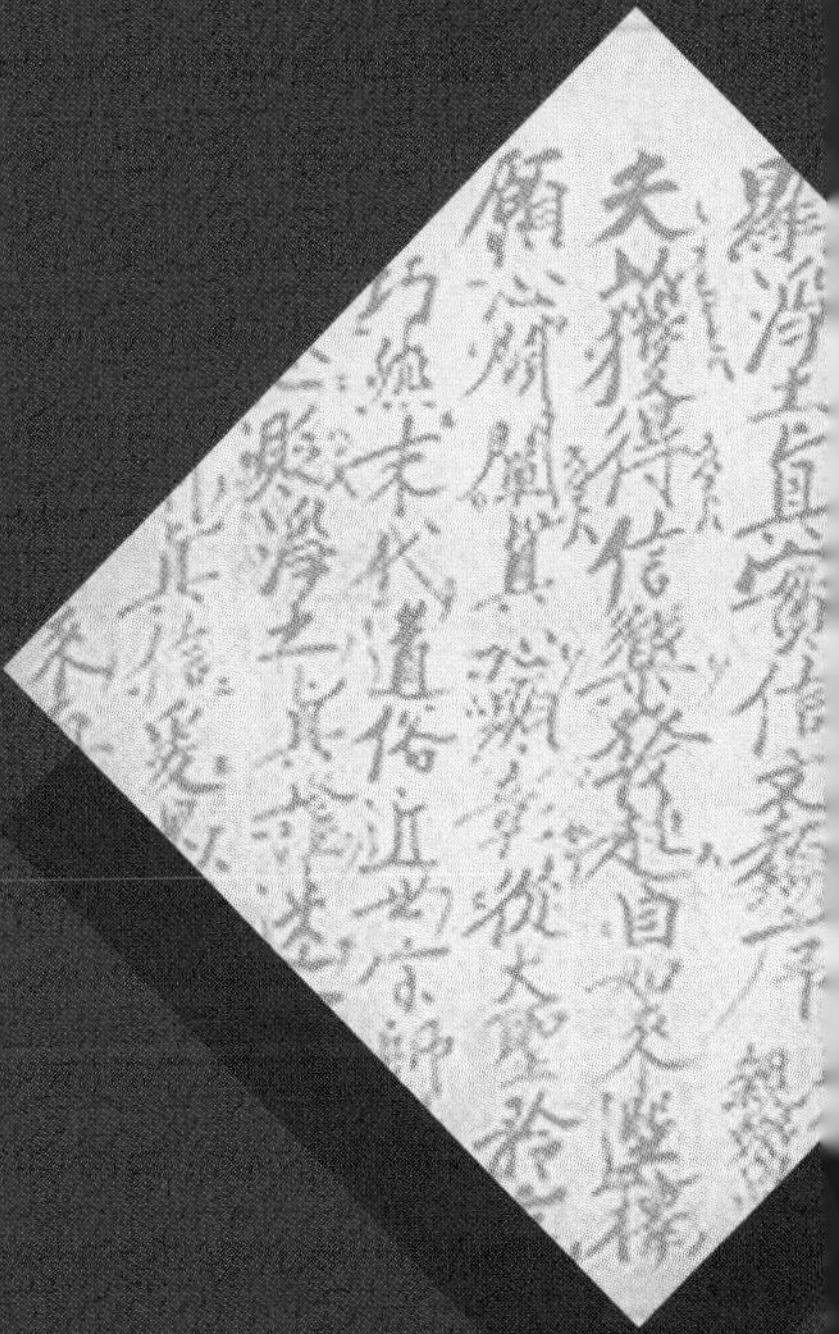

第一章
親鸞と『教行信証』

親鸞誕生

――自力修行の限界に懊悩した若き親鸞

承安《じょうあん》三（一一七三）年、親鸞《しんらん》は日野《ひの》の里（現在の京都市伏見区《ふしみ》）で産声《うぶごえ》を上げます。父は皇太后宮に仕え、漢籍《かんせき》などを講じる大進《だいしん》という地位にあった藤原《ふじわら》貴族一門の日野有《あり》範《のり》、母は源氏《げんじ》の流れをくむ吉光女《きっこうにょ》とされています。しかし、親鸞の祖父経尹《つねまさ》の妻も源氏の出であり、父有範も平氏《へいし》追討のために挙兵した源頼政《みなもとのよりまさ》に関与するなど、源氏の血を引くことが、平氏全盛の時代にあって、日野家の没落の原因になってしまいます。

没落し隠棲《いんせい》した有範は、親鸞の行く末を案じ、彼を仏門《ぶつもん》に入れる決心をします。子の学問的な才能を見抜いていた有範は、その才能を生かし、混迷をきわめていた当時の人々を救うことで、彼に生きがいを見出させようとしたのだと思われます。

治承《じしょう》五（一一八一）年、九歳の親鸞は、伯父の範綱《のりつな》につき添われ天台宗《てんだいしゅう》の青蓮院《しょうれんいん》をおとずれて、得度《とくど》の儀式を受けます。こうして比叡山《ひえいざん》に入山した親鸞は範宴《はんねん》と名乗り、東塔、無動寺大乗院《むどうじだいじょういん》に入り、勉学やきびしい修行に励みました。『法華経《ほけきょう》』を学び、密教《みっきょう》を修し、止観《しかん》（心を一点に止めて真理を観ようとすること）を実修。ひたすら精進《しょうじん》しました。

しかし十年ほどたった頃、親鸞の地位は堂僧《どうそう》と定められます。堂僧とは、エリートコースを進む学生《がくしょう》とは違い低い地位に置かれていました。父母の期待に沿えなかった親鸞は、次第に自己の内面を凝視するようになります。すると見えてくるのは醜《みにく》い自分の姿でした。名誉を求めて失望する自分、悟《さと》りを求めながらも煩悩《ぼんのう》に縛られ地獄《じごく》におちるほかない自分、そしてこの頃しきりに襲われる破壊的な性の衝動……。こうした挫折《ざせつ》に耐えきれず、とうとう二十九歳のとき、山を下りる決意をしたのです。

山を下りた彼は、聖徳太子《しょうとくたいし》が建立したと伝えられる京都の六角堂《ろっかくどう》（頂法寺《ちょうほうじ》）に向かいました。そこで百日のお籠《こも》りを開始した親鸞は、九十五日目の明け方、「もし修行者のあなたが、過去世《かこせ》の業報《ごうほう》により女性を求めるなら、私は玉のように美しい女性となって添いとげ、あなたを浄土《じょうど》に導きましょう」という観音菩薩《かんのんぼさつ》の夢告《むこく》を聞きます。

これを聞いた親鸞は、はたと気づきます。性の問題、愛欲の問題、さらには人間の煩悩のすべてを否定する必要はない。これらを背負ったままでも、仏が導いてくださるのだと。

この思いが人づてに耳にしていた法然《ほうねん》の教えに通じるものがあると感じた親鸞は、吉水《よしみず》（現在の知恩院《ちおんいん》の近く）で念仏《ねんぶつ》の教えを説いていた彼のもとに行く決心をしました。

第一章
親鸞と『教行信証』

法然との出会い

——念仏の真の意味を求め 非僧非俗の生活を送る

親鸞は百日間吉水に通いつめ、法然の信仰に心を貫かれることになります。ただひたすら念仏する、これこそが本当の行《ぎょう》だ。なぜなら、これこそが阿弥陀仏《あみだぶつ》の本願《ほんがん》の真意にかなうからです。人々を救おうと願っておられる仏の願いを思うなら、自分の力を頼るのではなく、その呼び声に素直にこたえ、念仏するだけでよい。子を呼ぶ母に、ただ「お母さん」とこたえるだけでよいのと同じように……。どんな非難にも動じることなく、穏やかに生き、語る法然の姿に、親鸞は本願の意味を感じとったのです。

本願と念仏の意味を深く理解した親鸞は、四年後の元久二《げんきゅう》（一二〇五）年、法然の著作『選択本願念仏集《せんじゃくほんがんねんぶつしゅう》』の書写《しょしゃ》と、肖像を描くことを許されます。しかしこの前年、比叡《ひえい》山《ざん》は念仏をやめさせようと決議し、布教活動の中止を命じてきました。これに対し法然は『七箇条制誡《しちかじょうせいかい》』を書き、一一九名の門弟《もんてい》に署名させます。ところが今度は、奈良の興福寺《こうふくじ》が「興福寺奏状《そうじょう》」を作成、念仏禁制を朝廷に迫ります。この時点では九条兼実《くじょうかねざね》らが法然に帰依《きえ》していたため難を逃れましたが、その後後鳥羽上皇《ごとばじょうこう》が熊野《くまの》に参詣《さんけい》中、側近の女官《にょかん》たちが法然の弟子が開いた念仏の集まりに参加し、尼《あま》となった者がいたことが発覚。上皇は激怒し、建永《けんえい》二（一二〇七）年、念仏を禁止し、法然を四国に、親鸞を越後《えちご》に流罪《るざい》としました。

越後に流された親鸞は、きびしい生活に耐えながら、『選択本願念仏集』や経典《きょうてん》の抜き書きなどを読み直し、念仏の教えを体系づけ、師の恩に報いようと考えるに至ったはずです。『教行信証《きょうぎょうしんしょう》』を書こうと思い立ったのは、この頃であったと私は考えています。

また親鸞は自己の生きる姿勢としてこの頃から非僧非俗《ひそうひぞく》（僧侶でも俗人でもない）の態度をとり、愚禿釈《ぐとくしゃく》親鸞あるいは愚禿親鸞と名乗るようになります。「禿」とは還俗《げんぞく》させられ頭髪がのびた俗人という意味ですが、「釈」の字をつけることで、愚かな俗人のまま念仏の教えに救いとられていくほうが真の仏弟子となりうる、という信念がうかがえます。

そして承元三（一二〇九）年頃、親鸞は恵信尼《えしんに》と結婚します。結婚に踏み切ったのは、先の六角堂夢告で結婚は仏道のさまたげにはならないと気づかされたことや、ただ念仏すれば救われるという教えによれば、妻と二人で念仏するほうが意味があると考えたからです。高い教養を持つ恵信尼は、親鸞を最後まで支え続けました。

『教行信証』執筆と晩年

——布教伝道と執筆活動に意欲を燃やした親鸞

建暦元《けんりゃく》（一二一一）年十一月十七日、赦免《しゃめん》された法然は京都に戻り、同日付けで親鸞も赦免されます。法然七十九歳、親鸞三十九歳でした。親鸞は『教行信証』の構想を法然に会って確認したかったでしょうが、翌年一月二十五日法然は帰らぬ人となります。

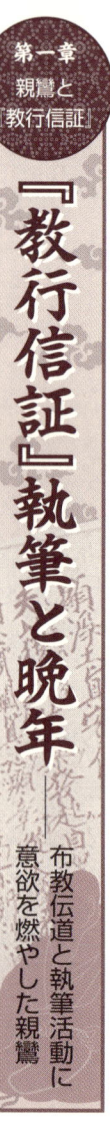

建保《けんぽう》二（一二一四）年、法然入滅《にゅうめつ》の二年後、四十二歳の親鸞は関東の常陸《ひたち》を目指し越後を発ちます。常陸には恵信尼の父の所領《しょりょう》があり、生計が立てられること、当地は念仏の教えが普及していないため法然の遺志を汲んで伝道ができること。さらには多くの文献を必要とする『教行信証』執筆において、常陸の鹿島神宮《かしまじんぐう》にある『一切経《いっさいきょう》』の存在が魅力的であったことなどが彼を決意させたのでしょう。妻と三人の子を伴い長い旅に出ます。

途中、上野《こうずけ》・佐貫《さぬき》（群馬県明和町）や常陸・下妻《しもつま》（茨城県下妻市）に滞在後、稲田《いなだ》（茨城県笠間市）に草庵《そうあん》を結んで、『教行信証』を執筆しながら、伝道に励みます。しかし門《もん》徒《と》が増えると、念仏を道具にして欲望をかなえるといった異説が横行。親鸞は正しく念仏するために信心《しんじん》を強調するようになり、『教行信証』にも反映されるようになります。

二十年ほどたった六十二歳頃、親鸞は京都に戻ります。他宗派との対立、信徒間の争いなどをきっかけに鎌倉幕府の念仏弾圧がはじまったため、身を引くのがよいと判断したのです。京都では『教行信証』の補訂・改訂に没頭し、七十五歳頃に一応の完成を見ます。

以後親鸞はさまざまな著述に意欲を燃やしますが、八十四歳のとき子息の善鸞《ぜんらん》を義絶《ぎぜつ》(勘当《かんどう》)します。親鸞帰洛《きらく》後、関東で異説が増えたことで門徒が動揺していたため、善鸞を派遣して対処しようとしましたが、彼は一部の者に利用されて異端者《いたんしゃ》の棟梁《とうりょう》にまつりあげられ、教えをねじ曲げるようになったからでした。

しかしこの件以降も親鸞は、関東から来る人々に会い、書簡《しょかん》を書き、信心から湧き出るエネルギーにつき動かされるように『教行信証』に手を加え、多くの著作を生み出しました。そして弘長《こうちょう》二(一二六二)年十一月二十八日、静かに念仏を称えつつ九十歳で往生します。

見返り橋

稲田の草庵跡にある西念寺の南側には、親鸞が京都に戻るとき、別れを惜しんだといわれる「見返り橋」がある。

親鸞の生涯

西暦	和暦	年齢	事　項
1173	承安3	1	日野有範の長男として生まれる
81	治承5	9	慈円のもとで得度、比叡山へ
1201	建仁元	29	六角堂に参籠後、法然のもとへ。自力の雑行を捨てて本願に帰した
4	元久元	32	法然の「七箇条制誡」に僧綽空と署名
5	元久2	33	『選択本願念仏集』書写。法然の真影を描くことを許される
7	建永2	35	興福寺が念仏禁止の奏上を呈し、専修念仏停止。法然四国、親鸞越後に配流。九条兼実没
9	承元3	37	この頃、恵信尼と結婚
11	建暦元	39	11月、流罪放免。同月、法然入洛
12	建暦2	40	法然没(80歳)
14	建保2	42	越後を去る。佐貫で「三部経」千部読誦を発願するも中止。常陸へ向かう
24	元仁元	52	娘の覚信尼生まれる。この頃『教行信証』の初稿本が書かれる
31	寛喜3	59	病臥した折、佐貫での「三部経」読誦のことを恵信尼に語る
34	文暦元	62	この頃、京都に帰る
47	寛元5	75	この頃、『教行信証』草稿本(坂東本)が一応完成(東本願寺蔵)
48	宝治2	76	『浄土和讃』『高僧和讃』を著わす
52	建長4	80	『浄土文類聚鈔』を著わす
55	建長7	83	『尊号真像銘文』『愚禿抄』を著わす。門弟専信房(専海)『教行信証』書写(専修寺蔵)
56	建長8	84	5月、善鸞を義絶
57	康元2	85	『一念多念文意』を著わす
58	正嘉2	86	『正像末和讃』を著わす
62	弘長2	90	11月28日没。翌日、東山鳥辺野にて荼毘に付される

第二章

『教行信証』とは何か

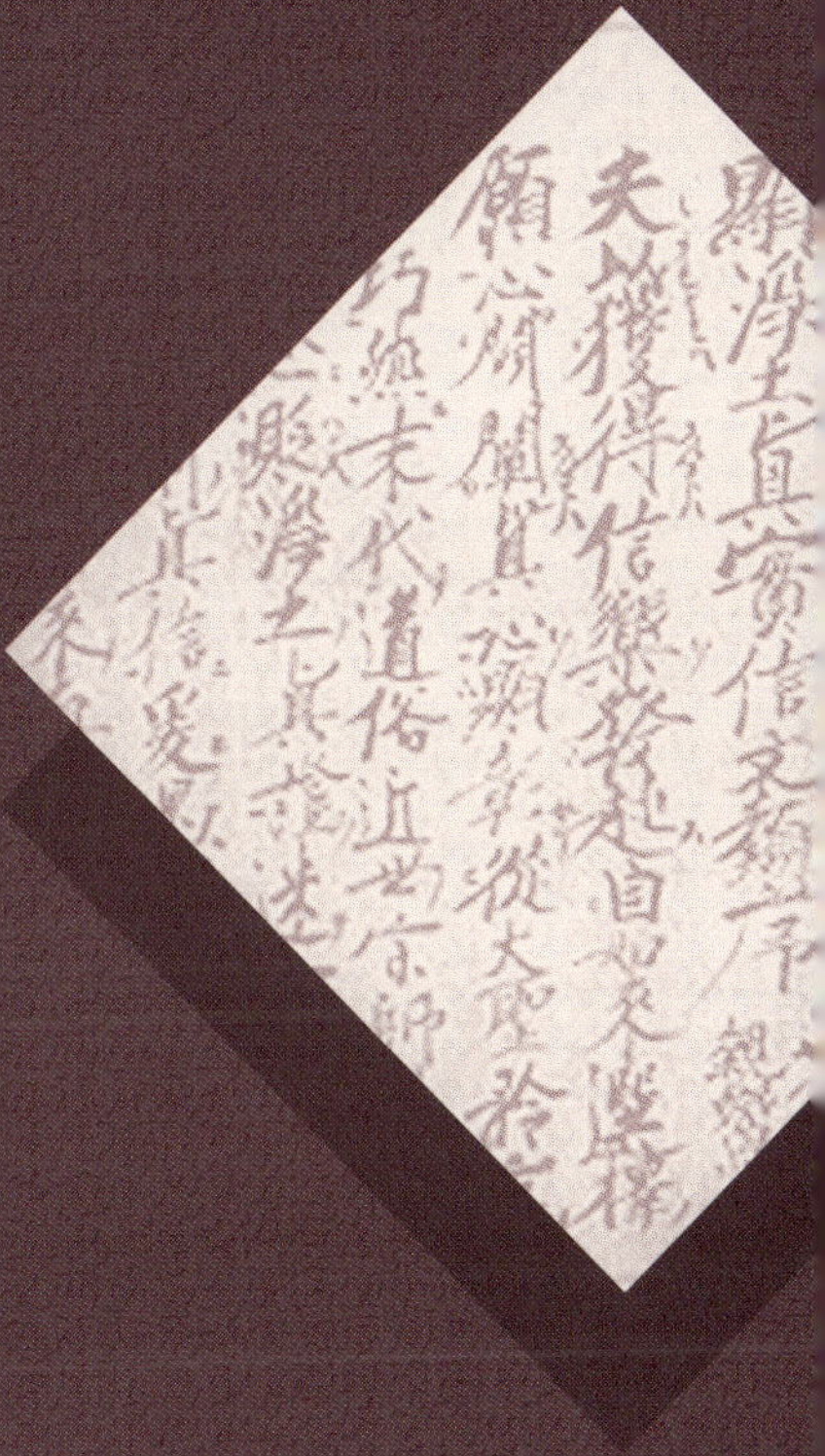

第二章 『教行信証』とは何か

書名と著作年代
——いつどのようにして著わされたのか

書名に込められた親鸞の決意

『教行信証《きょうぎょうしんしょう》』の正式な書名は、『顕浄土真実教行証文類《けんじょうどしんじつきょうぎょうしょうもんるい》』といいます。この書名には著者親鸞《しんらん》が師とした法然《ほうねん》の説く真実の教えや行《ぎょう》の意味を、手に入るかぎりの文献をもとに、顕《あきら》かにしようという堅い決意が込められているといえましょう。

一般にこの書は、親鸞五十二歳の元仁《げんにん》元（一二二四）年頃常陸《ひたち》で書かれ、何度か訂正されたのち、寛元《かんげん》五（一二四七）年七十五歳の頃に完成したといわれています。しかし、五十二歳頃に突然書かれ、七十五歳頃で筆がおかれたわけではありません。もっと早くから準備され、死の直前まで手を加えた、いわば生涯をかけた著作なのです。

師の恩に報いんがために執筆を開始

彼は、流罪《るざい》の地越後で法然を思いつつ、恩《おん》に報《むく》いるには師の教えを究明し、仏教の本質を究め、師を追放した旧仏教を高度な次元で超えるほかないと考えたはずです。そこで師の『選択本願念仏集《せんじゃくほんがんねんぶつしゅう》』を繰り返し読み、思索し、こつこつと下書きを始めた。この使命感こそが、苦しい流罪生活を耐える精神的支柱にもなったと私は考えます。

その後親鸞は、常陸に向かい鹿島神宮《かしまじんぐう》などで文献を探索し、五十二歳頃著作の形にします。さらに十年ほどして京都に戻ると、豊富な文献に当たり、一応の完成を見ますが、死に至るまで手を入れます。師を貶《おとし》めた旧仏教に対する反逆と、真実の教えを顕かにするという使命感が、『教行信証』という形で結実したのです。

『教行信証』執筆への流れ

流罪の地・越後で厳しい生活を送るうちに、本願の本質を見極め、法然の恩に報いようと『教行信証』執筆を思い立つ

↓

稲田（茨城県笠間市）で伝道しながら執筆し、52歳頃、著作の形となる

↓

京都に帰って豊富な文献に当たり、75歳の頃に一応完成するが、以後も手を入れ続ける

第二章
『教行信証』とは何か

構成

——全六巻と三つの序からなる浄土真宗の根本聖典

自己の信心の根拠とその正しさを体系化

親鸞は生涯、求道《ぐどう》に生き、法然によって得た信心《しんじん》をさらに深く問い続けた人でした。そしてその信心の正当性を旧仏教に対して体系的に主張することこそが、旧仏教によって追放された法然の恩に報いる唯一の手段でもあると、彼は考えました。

具体的な内容としては、さまざまな経典《きょうてん》をはじめインド・中国・日本の高僧《こうそう》の著書から、自己の信心の正しさを証明する文を引用しつつ、これに親鸞自身の自釈《じしゃく》をほどこして体系化し、組織化したものです。

最初は法然の弟子たちの異義に対する回答集といった形で書きはじめられたのですが、やがて親鸞自身の考え方を問い直し体系化する形になっていきます。つまり、自分の求道・思索の書であるからこそ、彼は死の直前まで補訂を続けたのです。では、全体の構成と大系化の努力の跡を概観してみましょう。

●信仰体験と文献を重んじた構成

『教行信証』の構成は、教巻・行巻・信巻・証巻・真仏土巻・化身土巻の六巻から成り立っており、最初に総序《そうじょ》、信巻の前に別序《べつじょ》、最後に後序《ごじょ》がつけられています。

総序—まず阿弥陀仏《あみだぶつ》の本願《ほんがん》によって救われた喜びから本書が生まれたことが記されます。冒頭には「竊《ひそ》かに以《おもん》みれば、難思《なんし》の弘誓《ぐぜい》は難度海《なんどかい》を度《ど》する大船《たいせん》」、つまりわれわれには思いもおよばぬ阿弥陀仏の広大な誓いは、渡ることの困難な迷いの海を渡してくださる大きな船であると書かれ、生涯をかけた著作がはじまります。

教巻—「真実の教を顕《あらわ》さば、すなわち『大無量寿経《だいむりょうじゅきょう》』これなり」と書かれているように、真実の教えを説くのは「浄土三部経《じょうどさんぶきょう》」の中の『無量寿経』であり、この中に説かれている阿弥陀仏の本願を信じる者こそが浄土《じょうど》に往生《おうじょう》させていただけると説かれます。

行巻—人は何をすべきかを問い、ひたすら念仏《ねんぶつ》を称《とな》えることこそが真実の行であり、それ以外の行は必要ないとされます。この巻の末尾には、真宗門徒《しんしゅうもんと》に親しまれてきた六〇行一二〇句の漢詩「正信偈《しょうしんげ》」があります。

信巻別序—信巻のための序であり、「それ以《おもん》みれば、信楽《しんぎょう》を獲得《ぎゃくとく》することは、如来選《にょらいせん》択《じゃく》の願心《がんしん》より発起《ほっき》す」、つまり真実の信心をいただくということは、如来みずから選びぬいてくださった本願のお心から起こってくるのだという文章ではじまります。

信巻—口先だけで称える念仏ではなく、信心と一体になった念仏でなければならない。その信心は仏自身によって起こされるのだと説き、本書の核心の部分となります。

証巻—真実の行と信を阿弥陀仏からいただいた者は、浄土に生まれ、阿弥陀仏と同じ証《しょう》（悟《さと》り）を開かせていただけると説かれます。

真仏土巻—仏と浄土には真実のものと方便《ほうべん》のものがあり、この巻では前者について説かれます。とくに浄土については感覚的な世界ではなく寂滅《じゃくめつ》の世界だとされます。

化身土巻—従来信じられてきた仏と、いわゆる感覚的な極楽《ごくらく》浄土は方便によるものだと説かれます。しかしこの方便の世界も、真仏土に通じる世界であると肯定されます。

後序—化身土巻の最後に加えられたこの後序では、自分についてあまり語らなかった親鸞がめずらしく自らの生涯に触れます。旧仏教がすたれる一方で浄土教が盛んになっていること、専修《せんじゅ》念仏が禁止され法然以下が断罪《だんざい》されたこと、その後の流罪のことなどが名文でつづられます。

「深く如来《にょらい》の矜哀《こうあい》を知りて、良《まこと》に師教《しきょう》の恩厚《おんこう》を仰《あお》ぐ」といった文など、印象的な一文一文が読む人の心に迫ってきます。

『教行信証』の構成

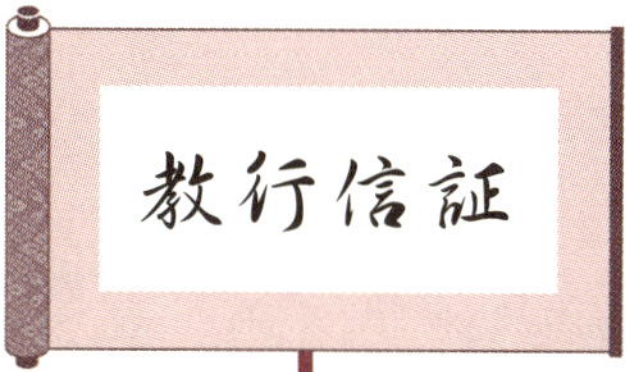

序	阿弥陀仏の本願によって救われた喜びから、本書が生まれたことを記す
教巻	真実の教えを説くのは『無量寿経』であり、阿弥陀仏の本願によって救われるのがその核心であると説く
行巻	ひたすら阿弥陀仏に願われる念仏を称えることこそが真実の行であり、ほかの行は必要ないと説く。末尾に「正信偈」がある
信巻別序	信巻のための序。信心を得るのは、自分の力ではなく、阿弥陀仏の働きかけによると説く
信巻	口先だけで念仏を称えるのではなく、阿弥陀仏からいただく信心と念仏が一つにならねばならないと説く
証巻	真実の行と信をいただいた者は、浄土に生まれ、阿弥陀仏と同じ証（悟り）を開かせていただけると説く
真仏土巻	仏と浄土には、真実の仏と浄土、方便の仏と浄土があるとされ、この巻では前者について述べられる。真実の浄土は寂滅の世界であると説く
化身土巻	方便の仏と浄土について述べられる。従来信じられてきたいわゆる極楽浄土を、方便の世界と位置づけるも、真仏土に通じる世界として包容される
後序	承元の法難（建永の法難）や、法然との知遇を回想し、本書の由来について述べる

※ 　＝序文、　＝本文をあらわす

第二章
『教行信証』とは何か

写本

——引き継がれていく親鸞の鏤骨

親鸞自筆の真跡本（国宝）は現在、東本願寺《ひがしほんがんじ》に所蔵されていますが、もともと坂東《ばんどう》（関東の古名）の報恩寺《ほうおんじ》に伝わっていたため、坂東本とも呼ばれています。親鸞は常陸の稲田《いなだ》にいた五十二歳頃にはすでに初稿本を完成させますが、それを清書したのち、絶え間なく書き込みを続けました。この清書本が坂東本であり、袋とじの六冊本からなっています。

建長《けんちょう》七（一二五五）年六月二十二日、親鸞八十三歳のときに門弟《もんてい》の専信房《せんしんぼう》（専海《せんかい》）が書写したものを、同じく門弟の真仏《しんぶつ》が清書したものが、重要文化財として高田派本山専修《せんじゅ》寺《じ》に所蔵されています。また親鸞没後間もない文永《ぶんえい》十二（一二七五）年に書写されたと推定される書が、やはり重要文化財として西本願寺《にしほんがんじ》に伝わっています。

このほか、同じく西本願寺には、室町時代の宝徳《ほうとく》二（一四五〇）年、加賀木越光徳寺《かがきごしこうとくじ》性乗《しょうじょう》の求めにより、本願寺八世の蓮如《れんにょ》あるいは彼の父存如《ぞんにょ》と蓮如が二人で書写した写本が所蔵されています。

『教行信証』の写本

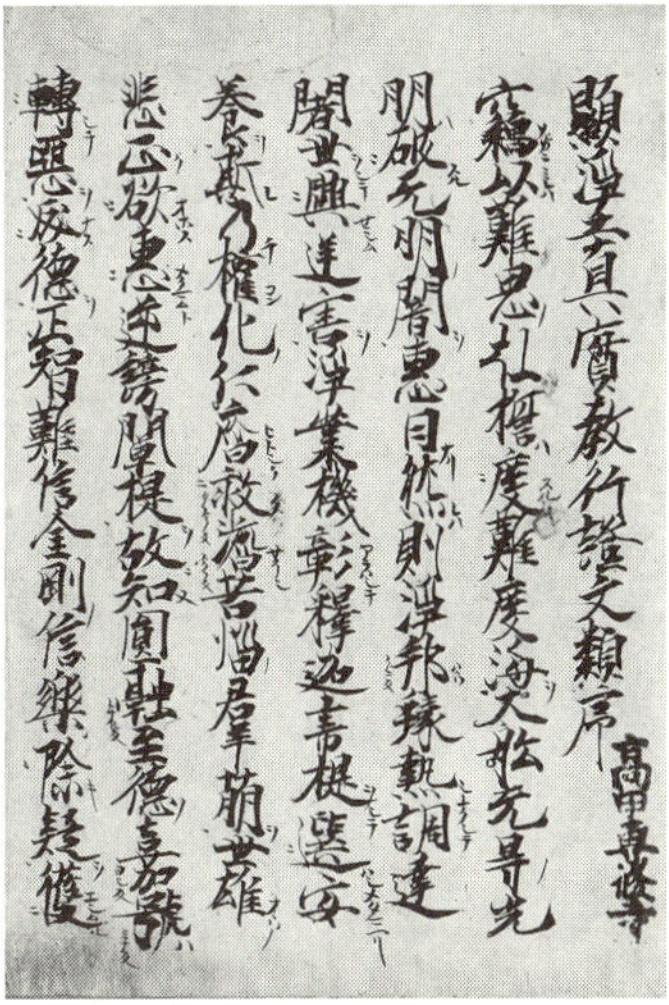

顕浄土真実教行証文類序　高田専修寺
竊以難思弘誓度難度海大船無碍光
明破無明闇恵日然則浄邦縁熟調達
闍世興逆害浄業機彰釈迦韋提選安
養斯乃権化仁斉救済苦悩群萠世雄
悲正欲恵逆謗闡提故知円融至徳嘉号
転悪成徳正智難信金剛信楽除疑獲

上:『教行信証』（専修寺蔵）
親鸞 83 歳のとき、門弟の専信房（専海）が書写したものを同じく門弟の真仏が清書したもの。

下:『教行信証』（西本願寺蔵）
親鸞没後、文永 12（1275）年に書写され、編集が加えられたといわれる写本。親鸞の十三回忌翌年であったとされている。

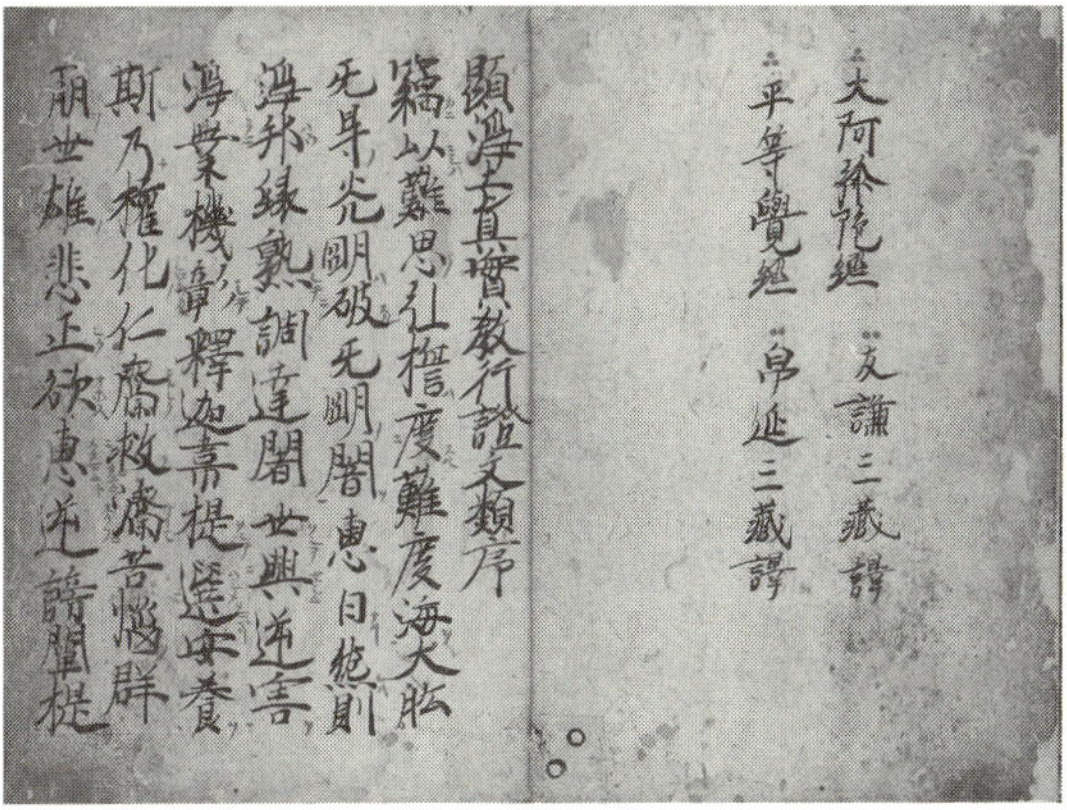

大阿弥陀経　支謙三蔵訳
平等覚経　帛延三蔵訳

顕浄土真実教行証文類序
竊以難思弘誓度難度海大船
無碍光明破無明闇恵日然則
浄邦縁熟調達闍世興逆害
浄業機彰釈迦韋提選安養
斯乃権化仁斉救済苦悩群
萠世雄悲正欲恵逆謗闡提

第二章
『教行信証』とは何か

歴史

――近代の思想家たちにも多大なる影響を与える

●難解さゆえ制限された『教行信証』

『教行信証』が難解なことは、誰もが認めるところです。これを読むためには広範《こうはん》な仏教の知識と深い信仰体験がなければならないからです。

浄土真宗《じょうどしんしゅう》の中興《ちゅうこう》の祖《そ》とされる蓮如も、彼の子実悟《じつご》の著わした『実悟記』の中でこのように語っています。「教行信証は……二十歳より内にはよますべからず候《そうろう》。若き時は何としても聊爾《りょうじ》に存ずる間、二十より以後よますべし…愚老《ぐろう》も二十五にてよみ申し候」、つまり『教行信証』は若い者には二十歳になるまで読ませてはならない、彼らは考えが浅いからだ、私自身も二十五歳になってはじめて読んだ、というのです。

蓮如が語ったことには理由があります。親鸞没後二世紀ほどたった当時でも、『教行信証』の注釈書は本願寺三世覚如《かくにょ》の長男存覚《ぞんかく》（一二九〇～一三七三）が、延文《えんぶん》五（一三六〇）年に著わした『六要鈔《ろくようしょう》』しかありませんでした。中途半端な知識や信仰体験の浅い者が読めば、消化不良を起こすか、とんでもない誤解が生じる危険があったからです。

しかし、そのまま保管してばかりいても意味がないということになり、次第に一生を研究に捧げたような深い学識のある僧だけが、特別に講義をするようになりました。

江戸時代になると、寛永《かんえい》十三（一六三六）年以降、三十数年間で四回も刊行されることになり、やっと世間に流通するようになります。注釈書も多く出されるようになり、普門《ふもん》（一六三六～一六九二）の『教行信証師資発覆鈔《ししほっぷしょう》』、玄智《げんち》（一七三四～一七九四）の『教行信証光融録《こうゆうろく》』、深励《じんれい》（一七四九～一八一七）の『教行信証講義《こうぎ》』などが代表的なものになります。

蓮如

本願寺八世蓮如は、20歳になるまで『教行信証』を読ませてはならないと述べている。誤解を防ぐためであった。（愛知県光専寺蔵）

●明治以降、注目が集まる

明治時代に入ると、教団の枠を超えて『教行信証』が注目されるようになります。代表者は清沢満之《きよざわまんし》（一八六三～一九〇三）でした。西洋哲学への造詣《ぞうけい》と深い求道《ぐどう》によりこの書に光を当てると、その門弟の曽我量深《そがりょうじん》（一八七五～一九七二）が『教行信証「信の巻」聴記』、金子大栄《かねこだいえい》（一八八一～一九七六）が『教行信証の研究』を著わし、新しい角度から『教行信証』の根底に迫ることになります。

哲学の世界では、竹内義範《たけうちよしのり》（一九一三～二〇〇二）が哲学者ヘーゲルとの関係において『教行信証』を研究しています。また彼の師である田辺元《たなべはじめ》（一八八五～一九六二）は、大戦を通した深い罪の意識から親鸞に向き合い、『懺悔道《ざんげどう》としての哲学』で親鸞の思想を解明しようとしました。親鸞の強靭《きょうじん》な思索は、日本の思想家たちを魅了し、西田幾多郎《にしだきたろう》（一八七〇～一九四五）、三木清《みききよし》（一八九七～一九四五）らの哲学者、さらには亀井勝一郎《かめいかついちろう》（一九〇七～一九六六）や吉本隆明《よしもとたかあき》（一九二四～二〇一二）ら評論家にも影響を与えます。

また『教行信証』の根底に潜む親鸞の人間性は、文学者たちにも影響を及ぼしています。戯曲《ぎきょく》『出家《しゅっけ》とその弟子』で親鸞を世界に紹介することになった倉田百三《くらたひゃくぞう》（一八九一～一九四三）、小説『親鸞』で親鸞を庶民に親しませた吉川英治《よしかわえいじ》（一八九二～一九六二）。生家である寺を去りながらも親鸞への思いを小説に書き続けた丹羽文雄《にわふみお》（一九〇四～二〇〇五）、戦後派文学の旗手となり社会問題を追究した野間宏《のまひろし》（一九一五～一九九一）も、この『教行信証』から影響を受けます。ちなみに野間は『親鸞』を書くとき、この難解な書を「一字一字たどるようにして読んでいった」と述べています。

『教行信証』関連年表

西暦	和暦	事　項
1224	元仁元	この頃、『教行信証』の初稿本が常陸で書かれる
1247	寛元5	この頃、本書の真跡本(板東本)が京都で一応完成を見る(東本願寺蔵)
1255	建長7	門弟専信房(専海)が本書を書写、これを真仏が清書する(専修寺蔵)
1262	弘長2	親鸞没(90歳)
1275	文永12	この年に書写されたとされる本書の写本が、西本願寺に所蔵されている
1360	延文5	覚如の長男存覚、本書の注釈書である『六要鈔』を著わす
1439	永享11	蓮如の子実悟の著わした『実悟記』によれば、この頃、蓮如本書を読む
1450	宝徳2	蓮如、本書を書写(西本願寺蔵)
1580	天正8	『実悟記』が出る。20歳までは本書を読ませるなとの蓮如の言葉を収録
1686	貞享3	本誓寺慧雲、『教行信証鈔』を著述し、翌年刊行する
1691	元禄4	『教行信証師資発覆抄』250巻の著者･彰見寺普門没
1792	寛政4	玄智、『教行信証光融録』40巻を著わす
1817	文化14	『教行信証講義』20巻の著者･香月院深励没

『教行信証』にゆかりの深い人々

人名	その人となりと『教行信証』との関連
専信	関東六老僧の一人。1228 年、親鸞に面授。「安城御影」を絵師朝円に描かせた
真仏	高田専修寺の開創者。早くからの関東門弟の有力者で、のちの専修寺教団の基を作った
覚如	本願寺三世。『拾遺古徳伝』を編し、浄土門流内での親鸞の位置を明らかにした
存覚	仏教の広い知識の上に立ち、親鸞の教えを解釈し、初期本願寺教団の教学を組織した
実悟	生涯、聖教の書写や著述活動に従事。今日の真宗書誌の研究などに寄与している
慧雲	真宗高田派の学僧。東・西本願寺の学僧に先んじて『教行信証』を研究した
普門	真宗高田派の学僧。津彰見寺住職。上記の著書は『教行信証』最古の注釈書である
玄智	本願寺派の僧。堂衆として正信偈・和讃などの読法を正し、宗史の研究に努めた
深励	大谷派の学僧で、大谷派宗学の大成者。帰依者も多く、すぐれた門弟を育てた

親鸞の『教行信証』以外の著作一覧

年齢	書名	内容
76歳	『浄土《じょうど》和讃《わさん》』	阿弥陀仏とその浄土を讃えたもので、118首からなる
	『高僧《こうそう》和讃《わさん》』	親鸞が尊敬する七高僧を讃えたもので、117首からなる
78歳	『唯信鈔文意《ゆいしんしょうもんい》』	法然の高弟であり、親鸞の兄弟子でもあった聖覚著『唯信鈔』の要文を抜き出し、注釈したもの
80歳	『浄土《じょうど》文類聚鈔《もんるいじゅしょう》』	『教行信証』の精要を示した書で、前者を本書·本典というのに対し、後者を略書・略典・略文類などという
83歳	『愚《ぐ》禿鈔《とくしょう》』	教相判釈（経典を分類判断して自己の立場を確立すること）によって親鸞の信心の立場を明確にした書
84歳	『往相《おうそう》回《え》向還相《こうげんそう》回《え》向文類《こうもんるい》』	『如来二種回向文』ともいう。往相回向と還相回向の二種回向に関する要文を集めたもの
	『入出二《にゅうしゅつに》門《もん》偈《げ》頌《じゅ》』	『二門偈』ともいう。入出は往相と還相を意味するので、『往還偈』とも呼ばれる。信心の徳をあらわした讃歌
85歳	『西方《さいほう》指《し》南抄《なんしょう》』（編）	法然の法語や書簡、伝記などを写し集めたもので、法然の言行録としては最古のものとされる
	『一念《いちねん》多《た》念文《ねんもん》意《い》』	法然の高弟隆寛の著『一念多念分別事』を解説、注釈したもの。一念と多念とどちらかに偏ってはならないと説く
	『浄土《じょうど》三経往生文類《さんぎょうおうじょうもんるい》』	『無量寿経』『観無量寿経』『阿弥陀経』の「浄土三部経」の往生の在り方について解説したもの
86歳	『正像末《しょうぞうまつ》和讃《わさん》』	末法の世を歎き、自身を省みて悲歎し、一方でそのような自分であるからこそ救われるという喜びを表現している。116首からなる
	『尊号《そんごう》真像銘文《しんぞうめいもん》』	阿弥陀仏の名号と先徳の真像（肖像）に書き加えられた讃文（銘文）を集め、これに注釈を加えたもの
88歳	『弥《み》陀《だ》如来名号徳《にょらいみょうごうとく》』	阿弥陀仏の放つ十二光を解説し、帰命尽十方無碍光如来と南無不可思議光如来の名号の徳について述べる

第三章　『教行信証』のキーワード

第三章 『教行信証』のキーワード

『教行信証』のキーワード

●阿弥陀仏―真理の世界から人の姿をとって現われた仏

阿弥陀仏《あみだぶつ》は、古代インドのサンスクリット語アミターバ（無量光仏《むりょうこうぶつ》）またはアミターユス（無量寿仏《むりょうじゅぶつ》）の漢訳名で、『無量寿経』『観《かん》無量寿経』『阿弥陀経』などに説かれています。『無量寿経』をひもとくと、「はるか昔、世自在王仏《せじざいおうぶつ》と呼ばれる仏の説法に感動したひとりの国王が、自分も仏になろうとしてみずから法蔵菩薩《ほうぞうぼさつ》と名乗った。そして人々を救済するために四十八《しじゅうはち》の願《がん》を立て、これを成就できなければ仏にならないと決意。長い思索《しさく》のすえ、ついに救済の方法を見出し、阿弥陀仏になって今も西方浄土《さいほうじょうど》の教主として、人々がこの浄土に往生《おうじょう》するのを待っておられる」という話が書かれています。

一見神話的なこの記述の奥に、親鸞《しんらん》は阿弥陀仏の本質を問い、この仏が「一如《いちにょ》よりかたちをあらわして、方便法身《ほうべんほっしん》ともうす御すがたをしめして、法蔵比丘《びく》となのりたまいて、不《ふ》可思議《かしぎ》の大誓願《だいせいがん》をおこして、あらわれたまう」（『唯信鈔文意《ゆいしんしょうもんい》』）存在であると考えました。

一如とは真理を意味します。そしてこの真理が自己の姿を人々に知らせ、真理の世界に導こうと働きかけている――つまり、真理は色も形もなく人には見えないため、方便（仮の手段）として人の姿をとったと考えたのです。この真理は自然科学的な真理ではなく、宇宙に生き続ける永遠の命（無量寿）・迷妄《めいもう》の闇《やみ》を照らす永遠の智慧《ちえ》の光（無量光）であるといいます。

●本願―苦悩するすべての人々を救い上げようとする仏の願い

仏教においては、仏になる以前の菩薩の段階で、「私ならこのように人々を救います」と誓い、その方法を見出す努力をすることを本願《ほんがん》とか誓願《せいがん》といいます。薬師仏《やくしぶつ》の十二大願、普賢《ふげん》菩薩の十大願などがあり、最もよく知られているのは阿弥陀仏の四十八願です。親鸞はその中の第十八願を最重要視しました。第十八願を現代語に訳すと、「もし私が仏になるとき、あらゆる世界に住んでいる人々が、心の底から私を信じ喜び、私の浄土に生まれたいと願い、たった一声ないし十声の念仏《ねんぶつ》を称《とな》えるだけであっても、生まれることができないようなら、私は決して仏にはならない……」となります。この願が親鸞に「仏を信じ、念仏するだけでよい、もはや修行する必要はない」と確信させたのです。

●念仏——仏自身の願いと働きが込められた「南無阿弥陀仏」

念仏は、もともとインドにおいて「仏について思い考えること、つまり仏を思念すること」を意味しました。しかし中国に浄土教がおこると、口で「南無阿弥陀仏《なむあみだぶつ》」と称える称名念仏《しょうみょうねんぶつ》が盛んになります。そして日本に入ると法然《ほうねん》は称名念仏だけを選びとり、他の行《ぎょう》を捨ててしまったのです。

一方で親鸞は、念仏を独自な視点から見直します。純粋な信心《しんじん》を持つことも純粋な念仏を称えることもできない者のために、「すでに阿弥陀仏ご自身がみずからの存在と働きを『南無阿弥陀仏』という言葉、つまり名号《みょうごう》の中に包みこみ、これだけを称えなさいと与えてくださっている」と考えたのです。いわば念仏は仏のほうから工夫《くふう》され完成されたものである、ということです。

●信心——親鸞の信心は、仏によって起こされ与えられる信心

親鸞のいう信心は、現代人のいう信仰とは違った意味を持っています。

彼は長いあいだ、どうしても純粋に仏を信じられないという挫折感に苦しみました。しかしその結果、「人が仏を信じることのむずかしさを、すでに仏ご自身が知っておいでに

親鸞の信じた阿弥陀仏・本願・念仏・信心

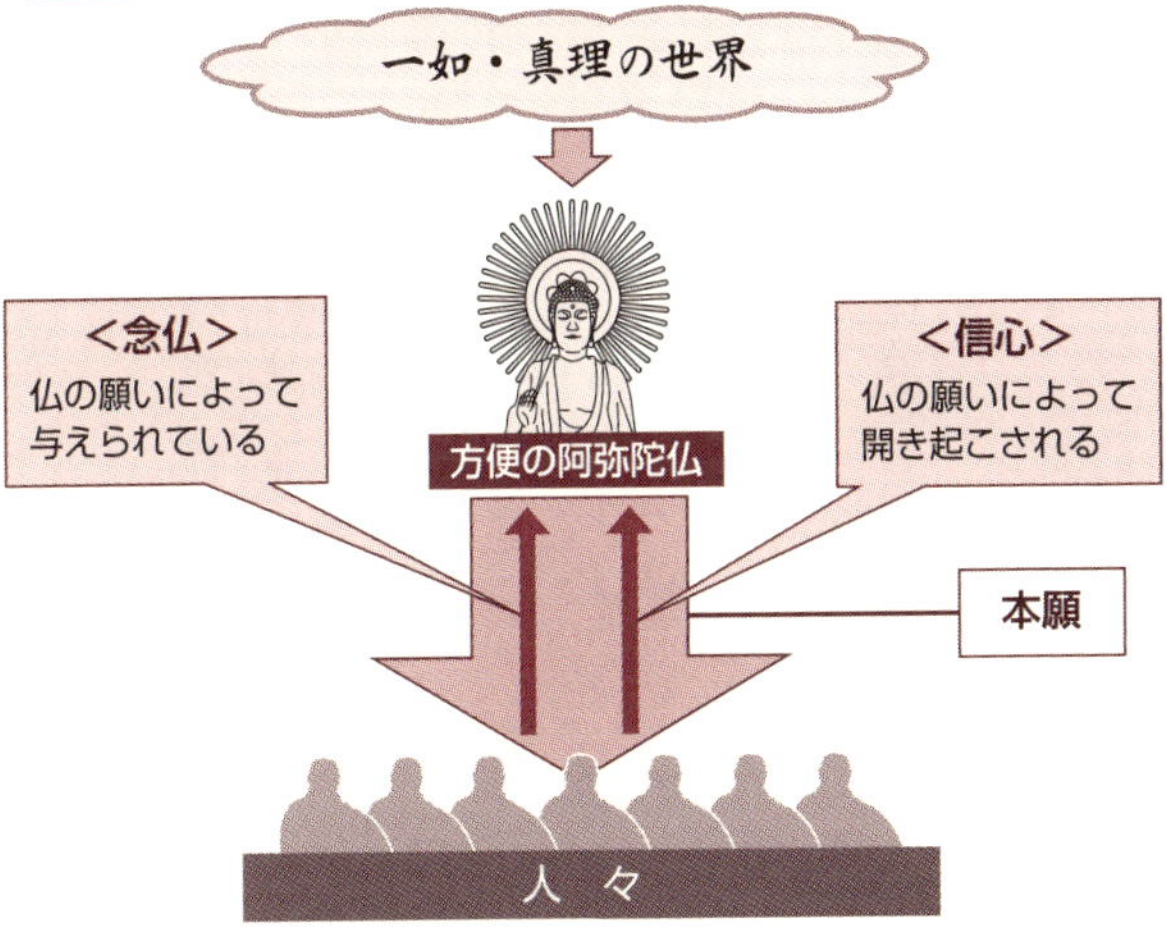
一如・真理の世界
<念仏>
仏の願いによって
与えられている
方便の阿弥陀仏
<信心>
仏の願いによって
開き起こされる
本願
人々

なり、信じる心も仏のほうから開き起こしてくださっている（「ひらきおこさせ給《たも》う」（『末燈鈔《まっとうしょう》』））ということに気づきました。人が起こそうとして起こす行為ではないというのです。

また、信心は仏の願いから生まれる（「信は願より生ず」（『高僧和讃《こうそうわさん》』））とも述べています。本当の信心とは、信じさせたいと願う阿弥陀仏の本願からいただく信心、たまわった信心（「たまわりたる信心」（『歎異抄《たんにしょう》』））でもあるというのです。

証（悟り）―仏によって開かれ与えられる境地

親鸞が『教行信証《きょうぎょうしんしょう》』証巻でいう「証《しょう》」とは、仏教では一般に悟《さと》りといわれ、常識的には「釈迦《しゃか》の教えにしたがって修行し、至《いた》る境地《きょうち》」を指します。迷いがなくなり真理が体得される境地を指しますが、これに対して親鸞は「阿弥陀仏との出会いによって開かれ与えられる境地」を証または悟りと言いあらわしています。

阿弥陀仏はわれわれを仏の悟りに至らせたい、滅度《めつど》つまり涅槃《ねはん》の世界に入らせたいという願い（必至《ひっし》滅度の願、四十八願の中の第十一願）を抱いておられる。この仏の願を信じ、仏の名を称えるとき、必ず浄土に生まれ、そこで仏と同じ悟りを開かせていただける。この悟りを証というのだと述べています。

悟る能力などない者が、悟りを開かせていただく境地に導かれるのですから、悟りを開かせていただいた後には、喜んで人々のために尽くさねばなりません。この点は往相回向《おうそうえこう》と還相回向《げんそうえこう》という言葉でも説かれますので、次に「回向」について解説してみます。

●回向―自分がすることではなく、仏がしてくださること

回向（廻向）はもともと「自分の行なった修行や布施《ふせ》などの善行《ぜんこう》を、自分や他人のためにふりむけること」さらには「死者の成仏《じょうぶつ》を願って供養《くよう》したりすること」などを指しました。つまり回向の主体は人間の側にあったのです。しかし親鸞はその主体を阿弥陀仏に

転換《てんかん》し、阿弥陀仏の救済の働きを回向であると考えました。ですから人が念仏によって浄土に往生する往相も、浄土に生まれ再び現世に還《かえ》って人々を救う還相も、ともに仏の回向によるといいます。つまり救われるのも、救われてから人に尽くすのも仏の働きなのです。

では、浄土から還って人々を救うのは具体的にいつのことなのでしょう。さまざまな解釈がありますが、私は救われたと心から気づかされ、感謝できるようになったときであると考えます。それが現世《げんせ》であれば、ただちにそのときから人のために働かねばならないと思います。ただその際、心すべきことがあります。依然として人間は煩悩《ぼんのう》を持ったままですから、思い上がって人を救済しようなどと思ってはなりません。親鸞は「小さな慈悲《じひ》すら持てない身で人を利《り》するなどと思ってはならない」（小慈小悲《しょうじしょうひ》もなき身にて　有情利《うじょうり》益《やく》はおもうまじ）（『正像末和讃《しょうぞうまつわさん》』）といっています。どこまでも仏に救っていただいている身であることを自覚しつつ、限りなく謙虚《けんきょ》な心からなされるべきなのです。

●浄土――信心と念仏によって導かれる無為涅槃・寂滅の世界

仏教では、悟りを開いて仏となった者が住む、欲望や苦しみのない世界を浄土と呼びます。浄土には薬師仏《やくしぶつ》の東方浄瑠璃《とうほうじょうるり》世界、弥勒仏《みろくぶつ》の兜率天《とそつてん》などがありますが、日本では、

親鸞の証(悟り)・回向・浄土

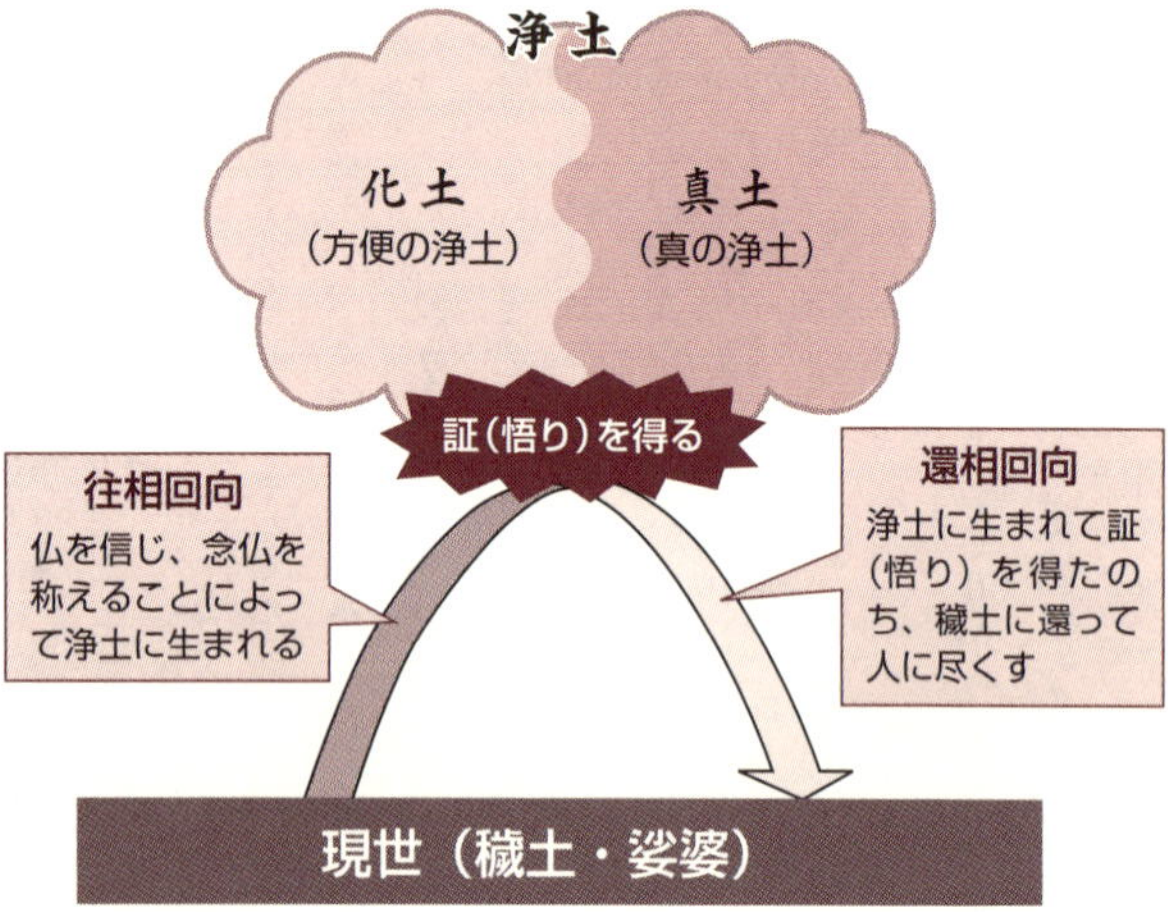
浄土
化土
(方便の浄土)
真土
(真の浄土)
証(悟り)を得る
往相回向
仏を信じ、念仏を称えることによって浄土に生まれる
還相回向
浄土に生まれて証(悟り)を得たのち、穢土に還って人に尽くす
現世(穢土・娑婆)

平安後期以降浄土教が普及すると、阿弥陀仏の西方極楽浄土を指すようになりました。『無量寿経』によれば、この極楽浄土は「金・銀・瑠璃《るり》・珊瑚《さんご》などの七宝《しちほう》でできた大地が限りなくひろがっている」と描写されています。すばらしいと思えると同時に一見、即物的で人間の欲望の裏返しのようにも思えます。

親鸞はこの浄土を方便の浄土と考え、その奥に真の浄土を見出そうとしました。そして前者を「化土《けど》」とし、後者を「真土《しんど》」と呼んで煩悩を離れた無為涅槃《むいねはん》・寂滅《じゃくめつ》の境地であると考えたのです。この画期的な考え方については『真仏土巻』『化身土巻』に書かれていますので、該当の箇所で詳しく解説してみたいと思います。

第四章

『教行信証』を読み解く

序

——親鸞が『教行信証』を著わすにあたって示した決意

［現代語訳］

胸に手をあて、よくよく考えてみると、私たち凡人《ぼんじん》には到底思いもおよばぬ阿弥陀《あみだ》さまの本願《ほんがん》は、迷いただようほかない海から救いあげ、まっすぐに救いの岸に運んでくださる大きな船である。これを光にたとえるならば、真実を知ることができずに、無知《むち》に迷っているこの闇の世を、いかなるものにもさまたげられることなく照らし出してくださる智恵《ちえ》にみちた日の光なのである。

この本願は、*1『観無量寿経《かんむりょうじゅきょう》』に描かれている提婆達多《だいばだった》が王子阿闍世《あじゃせ》をだまし王子の父頻婆娑羅《びんばしゃら》王を殺させようとした悲劇を縁とし、お釈迦《しゃか》さまが王妃韋提希《いだいけ》夫人に浄土《じょうど》の教えを選ばせようとなさったことを機とし、尊い浄土の教えとして成立したのである。

じつは提婆達多も阿闍世も韋提希夫人も、もともとは仏さま*2であったが、苦悩する人々のために仮にこのように人間の姿をとって現われてくださったのだ。お釈迦さまをはじめ、多くの仏さまや*3菩薩《ぼさつ》さまがたの私たちへの思いやりは、これほどに深い。悪のかぎりを尽したり、尊い*4仏法《ぶっぽう》をそしるような最低の人間であっても、何とかして救い上げようとしてくださっているのである。

このことによって、次のことがはっきりわかってくる。阿弥陀さまご自身が工夫し私たちに与えてくださったお念仏《ねんぶつ》は、阿弥陀さまにいただくものであるから、悪をそのまま善に変えてしまう、私たちにはまったくない智恵なのだ。

また、阿弥陀さまよりいただくお念仏という、普通では考えられないようなお念仏をいただけたと感謝し、堅く信じるその信心《しんじん》は、私たちの迷いを引きおこす疑いの心を取りのぞく。これが生きて*5浄土に住まわせてくださる真理なのである。

私たちのような凡人にも実践しやすく、愚かな者にも行きやすい近道となるのだから、この教えこそがお釈迦さまが一生のあいだに説《と》いてくださった教えの中で、最も徳《とく》の深い教えといえる。だから、この穢《けが》れた世界を捨て浄土に住みたいと願いながらも、自力《じりき》の心にとらわれて信じることができず、心が暗いまま真実を知ることもできずにいよいよ*6悪業《あくごう》を重ねて浄土に住めなくなっている人は、とくに阿弥陀さまの勧めを素直にいただかねばならないのだ。最もすぐれたこの教えに自分をゆだね、一心に念仏を称《とな》えさせていただき、信心に徹《てっ》しようではないか。

ああ、私たちに向かって働きかけてくださる阿弥陀さまの本願は、何度生を重ねても出会うことはむずかしい。また、信じる心そのものまでも仏さまからいただくなどという信心を得るのは、どんなに時間をかけてもできることではない。だから、たまたまこのようなお念仏や信心をいただくことができたなら、はるか過去世《かこせ》からこのご縁《えん》を結んでくださっていた阿弥陀さまに心から感謝し、喜ばなければならないのだ。こうしてご縁をいただいているのに、もし、また今生《こんじょう》においてこれを疑うようであれば、これまで同様、はてしなく迷いを繰り返すことになるだろう。「救い取って、絶対に捨てない」というお言葉は、阿弥陀さまの本心であり、普通の人間には思いもよらない深い*7慈悲心に由来する教えである。だからこそ、疑うことなく今すぐに信じなければならない。

私、*8愚禿釈《ぐとくしゃく》の親鸞《しんらん》は、幸せなことに、めったに出会えないインドや中国・日本の経典《きょうてん》や論釈《ろんしゃく》に出会うことができた。めったに聞くことのできない教えも聞かせていただくことができた。浄土の真の教えと行《ぎょう》、そしてその証《しょう》（悟《さと》り）とを敬《うやま》い信じさせていただいてきたことによって、阿弥陀さまの恩徳《おんどく》がどんなに深いのかを知り得たのである。そこで、お聞かせいただいたことを喜び、得させていただいたことを讃《たた》えるため、その根拠になっているさまざまな経論釈*9から引用し、文類を作らせていただくことにしたのである。

[語句]

*1 観無量寿経（「浄土三部経」の一経典。釈迦が王舎城《おうしゃじょう》の悲劇を取りあげて説いた経典）。
*2 仏（仏陀《ぶっだ》とか覚者《かくしゃ》ともいい、釈迦個人を指す場合もある。キリスト教などでいう神とはまったく違う存在で、煩悩を滅ぼし真理を体現した存在。あらゆるものはすべて仏にならねばならないと説かれる）。
*3 菩薩（仏になる前段階の存在）。
*4 仏法（仏の説いた教え）。
*5 浄土（苦しみを超えた世界）。
*6 悪業（悪い報いをもたらす悪い行為）。
*7 慈悲心（仏や菩薩が人々をあわれむ心）。
*8 愚禿釈（親鸞の自称。愚はおろかなこと・禿は僧の身分ではないこと・釈は釈迦の弟子であること。自分は愚かであるが、世俗の真っただ中で真の仏道を求めようという気迫が込められた呼称）。
*9 経論釈（仏の教えを記した経典とその注釈書）。

[あらすじと解説]

この序は「総序」ともいわれ、親鸞が本書を書くに至った理由と決意が述べられています。①まず阿弥陀如来《にょらい》（仏）の本願に込められた親鸞自身への思いやりに感謝し、②その阿弥陀如来の思いやりに気づかせてくれた釈迦の真意を『観無量寿経』の王舎城《おうしゃじょう》の悲劇の中に見、③親鸞に至るまで修行の一つとされていた念仏は、真に修行などできない私たちのために阿弥陀如来が工夫し用意してくださっていたものであること、④さらには猜疑《さいぎ》心《しん》に満ち、純粋に信じることのできない私たちのために、信心さえも如来からいただいているということに気づかせていただけたと告白し、⑤最後にこのように気づかせてくれた釈迦およびインド・中国・日本の高僧《こうそう》に感謝し、その教えが述べられている経典や注釈書から教えの根拠となっている文を引用し、『教行信証』を作成する決意が記されます。

ここでは②の王舎城の悲劇にだけ触れておきます。ほかの内容については本文の中で詳しく述べられていますので、該当のところで十分理解していただけると思います。

釈迦が生きていた時代、インドのマガダ国に王舎城というところがあり、頻婆娑羅王・韋提希夫人・その子阿闍世が王族として住んでいました。ちょうど釈迦がこの王舎城郊外の耆闍崛山《ぎしゃくっせん》で説法をしていたところ、王舎城で悲劇がおこったのです。

それは、釈迦の従弟《いとこ》で阿闍世の友人でもあった提婆達多が、誰からも尊敬される釈迦への嫉妬《しっと》に狂い、釈迦をおとしめるため、庇護者《ひごしゃ》であった王を亡きものにしようとしたことからはじまります。その手段として提婆達多は阿闍世に次の密告をしたのです。

「子どもがなかった王は韋提希夫人と共謀して殺人を犯し、その生まれ変わりとして夫人

釈迦が語った阿弥陀如来の思いやり

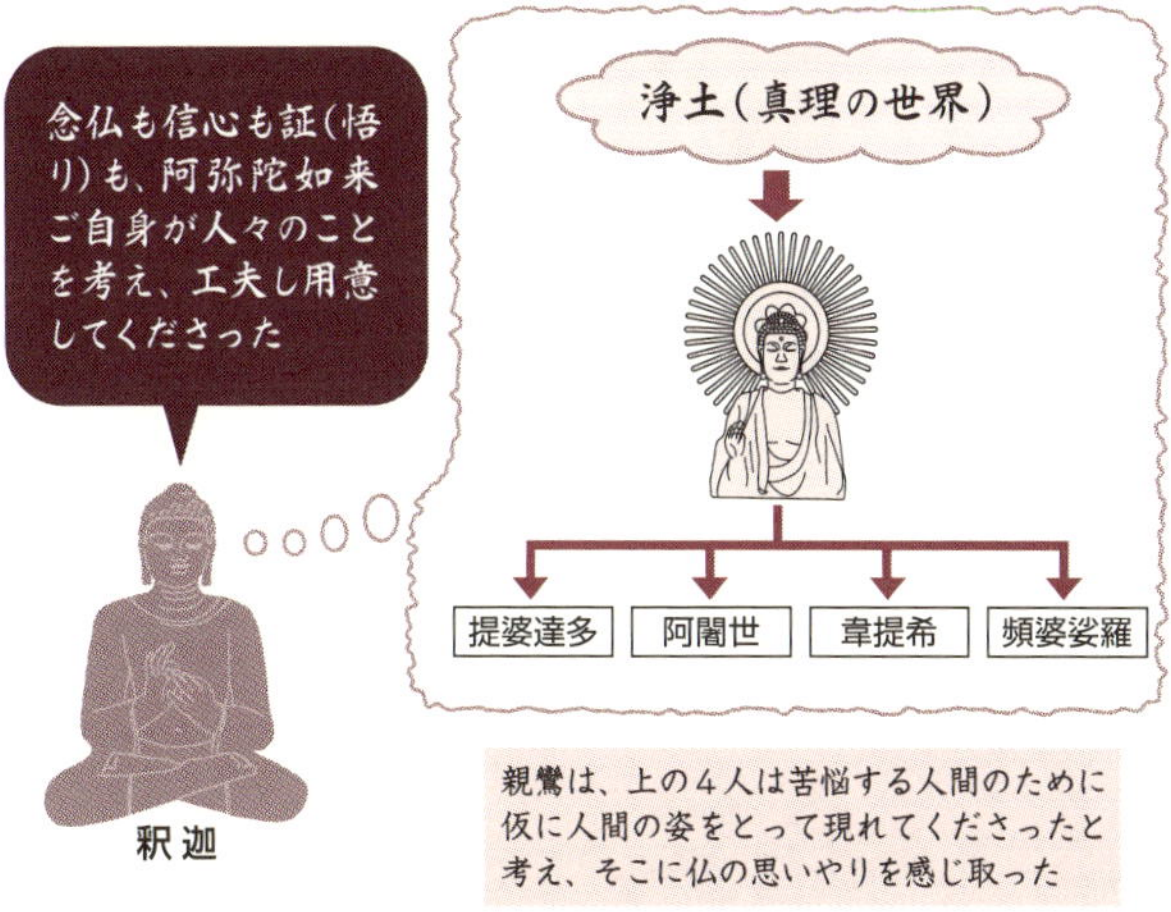
念仏も信心も証（悟り）も、阿弥陀如来ご自身が人々のことを考え、工夫し用意してくださった
浄土（真理の世界）
提婆達多
阿闍世
韋提希
頻婆娑羅
釈迦
親鸞は、上の４人は苦悩する人間のために仮に人間の姿をとって現れてくださったと考え、そこに仏の思いやりを感じ取った

は阿闍世を身ごもったが、殺人の報いを恐れ、阿闍世が生まれるのを待って殺そうとした」と。これを聞いた阿闍世は怒り狂い、王を、やがては夫人を牢にとじこめ殺そうとしました。

すると苦しみに耐えかねた夫人が牢獄から釈迦に説法を乞《こ》い、釈迦は夫人に阿弥陀如来の救いを説くのです。

親鸞はこれらの人々を単に人としてではなく、仏が人間として現われ、私たちを導いてくださっていると受けとめました。

このような独特なとらえ方から、阿弥陀如来の本願にこめられた深い思いやりを、さまざまな文献によって明らかにしようとしたのです。

親鸞が大切にしたおもな経論釈

釈迦 （前560～480諸説あり） 出生地：インド	「浄土三部経」 『無量寿経』 『観無量寿経』 『阿弥陀経』	煩悩に染まり修行のできない人々のために、釈迦が阿弥陀如来の救済を説いた三部の経典。浄土系諸宗の典拠となっている
龍《りゅう》樹《じゅ》 （150頃～250頃） 出生地：インド	『十住毘婆沙論《じゅうじゅうびばしゃろん》』	この書には阿弥陀如来への信仰を説く「易行品《いぎょうぼん》」がある。難行・易行の道を教え、念仏を勧めたため、のちの浄土教に多大な影響を与えた
天親《てんじん》（世親《せしん》） （4世紀頃） 出生地：インド	『浄土論《じょうどろん》』	天親は、この書で「われ一心に尽《じん》十方無碍光如来《じっぽうむげこうにょらい》に帰命し」と述べたが、親鸞はこの「一心」を他力の信心の意味としてとらえた
曇《どん》鸞《らん》 （476～542） 出生地：中国	『浄土論註《じょうどろんちゅう》』 （『往生論註《おうじょうろんちゅう》』）	この書は、天親の『浄土論』の注釈書である。龍樹と天親の思想をまとめ、新しい浄土教思想を生んだ。また、往相・還相の二回向について考えている
道《どう》綽《しゃく》 （562～645） 出生地：中国	『安楽集《あんらくしゅう》』	仏教全体を聖道門《しょうどうもん》と浄土門に分類し、自分の力で仏になれない者は阿弥陀如来に帰依し、安楽国（浄土）に往生し、悟りを得て仏になるべきであると説いた
善《ぜん》導《どう》 （613～681） 出生地：中国	『観無量寿経疏《かんむりょうじゅきょうしょ》』 （略して『観経疏』）	『観無量寿経』は、阿弥陀如来の本願により、専《もっぱ》ら念仏を称えることによってのみ救われると説かれているとし、従来にない画期的な解釈をした
源《げん》信《しん》 （942～1017） 出生地：日本	『往生要集《おうじょうようしゅう》』	天親の『浄土論』によりつつ、往生には諸行と念仏による方法があるが、念仏こそがすぐれているとして、常に念仏を称えるようにと説いた
法然（源空《げんくう》） （1133～1212） 出生地：日本	『選択本願念仏集《せんじゃくほんがんねんぶつしゅう》』	「浄土三部経」や浄土教の祖師たちの論釈から念仏についての要文を集め、仏道修行のすべては称名念仏の一行に帰することを明らかにした

第四章
『教行信証』を読み解く

教巻

――真実の教えは『無量寿経』にあると説く

［現代語訳］

つつしんで浄土の教えの核心について考えさせていただくと、阿弥陀さまが私たちのために働きかけてくださる回向《えこう》[*1]に、二つの面があることに気づかされる。

一つは、私たちを浄土に往生[*2]させようと働きかけてくださる往相《おうそう》回向、もう一つは浄土に往生させてから、今度はこの娑婆《しゃば》[*3]の世界に還《かえ》って来させ、人々を阿弥陀さまの救いにあずからせようと働かせてくださる還相《げんそう》回向である。この回向は二つとも阿弥陀さまご自身からの働きかけによるのである。

まず、前者の往相回向についてわからせていただくためには、阿弥陀さまご自身がそのために真実の教え・行《ぎょう》・信《しん》・証《しょう》を用意してくださっているので、これをいただかなければならない。

では、真実の教えとは何かというと、お釈迦さまが説いてくださった『無量寿経《むりょうじゅきょう》』の教えにほかならない。

この経典の大意《たいい》は次のようなものである。

阿弥陀さまがまだ法蔵菩薩《ほうぞうぼさつ》であられたとき、苦しむ人々を救いたいと誓いをおこしてくださり、尊い教えの収められている蔵《くら》を開き、私たちのような愚かな人間をあわれんで、この蔵の中から功徳《くどく》にみちた宝物ともいうべき「南無阿弥陀仏《なむあみだぶつ》」という名号《みょうごう》*4を選び出し、与えてくださった。さらにはお釈迦さまがこの世に出現し、この阿弥陀さまの働きかけについて説いてくださり、私たちを救うため、欲望の対象となる利益《りやく》などではなく本当の利益を与えようとしてくださった。

これがこの経典の大意である。だから阿弥陀さまのこのような誓い、すなわち本願こそが、この経典の核心となっているのであり、この核心が血肉化され生きた体となったものが名号、つまり「南無阿弥陀仏」の念仏にほかならないのである。

［語句］

＊1 回向（第三章でも述べたように、回向の主体は私たちではなく仏である、と親鸞は考えた）。

＊2 往生（阿弥陀仏の浄土に生まれること。迷いの世界を超え離れること）。

＊3　娑婆（煩悩に支配される世界）。
＊4　名号（阿弥陀仏の本願の働きが具体的な言葉となって現われたもの。「南無阿弥陀仏」を六字名号、「南無不可思議光如来《なむふかしぎこうにょらい》」を九字名号、「帰命尽十方無碍光如来《きみょうじんじっぽうむげこうにょらい》」を十字名号という。名号を称えることを称名《しょうみょう》という）。

［あらすじと解説］

親鸞は、この教巻冒頭の文で、①阿弥陀仏の私たちに対する働きかけに二つの面があると指摘します。②その一つは往相回向、もう一つは還相回向であり、③往相回向の働きとして、「阿弥陀仏は真実の教え・真の行・真の信・真の証を示し与えてくださっている。ゆえにこの四つについて、『教行信証』でこれからしっかりと書きつづっていこう」と意志表明します。④まず真の教えとは『無量寿経』にほかならないとし、⑤この経典の大意を示し、⑥経典の核心は本願であり、本願が具体化され、生きた体になったものが念仏であると指摘するのです。

そこで私は、ここではまず回向と『無量寿経』について説明しておきます。

回向とは、廻向とも書き、もともと自分が行なった修行や造寺《ぞうじ》・造塔《ぞうとう》、布施《ふせ》などの善行の結果を、自分や他人の成仏《じょうぶつ》のためにさし向けることをいいました。あるいは死者の成

従来の回向の意味を転換した親鸞

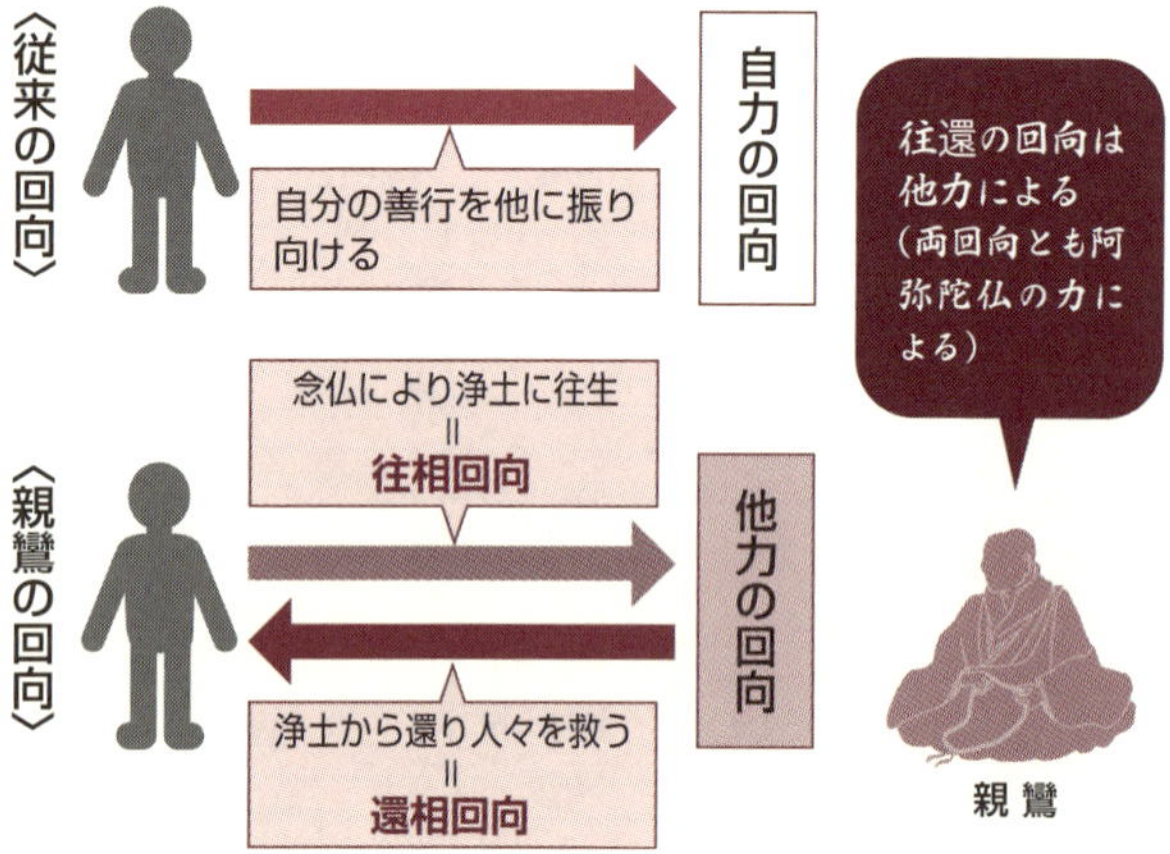
〈従来の回向〉
自分の善行を他に振り向ける
自力の回向
往還の回向は他力による（両回向とも阿弥陀仏の力による）
〈親鸞の回向〉
念仏により浄土に往生
=
往相回向
他力の回向
浄土から還り人々を救う
=
還相回向
親鸞

仏を祈って供養《くよう》することなどを指しました。

しかし親鸞はこの考えをひっくり返してしまいます。煩悩に支配され、善行などできるはずのない自分が、自分や他人の成仏のために善行をふり向けるなど到底不可能だと考えたからです。悩み苦しんだ親鸞が気づかせられたのは、私たちが回向するのでないということでした。まず念仏によって浄土に往生させていただき（往相）、自分が救われてから、この世に還って人々を救う（還相）以外にはないということ。そしてこれは阿弥陀仏の働きによるもので、仏はすでにそれをしてくださっているということだったのです。

行巻の「正信偈《しょうしんげ》」には「往還の回向は他《た》力《りき》による、正定《しょうじょう》の因《いん》はただ信心《しんじん》なり」と記しています。つまり、浄土に往生する往相も浄土からこの世に還って人々を救う還相も他力によるのであり、他力を信じる信心だけが救われる正しい要因となるというのです。したがって阿弥陀仏の働きに気づき、信じてこそ自分と他人を救う真の根拠となるのです。

次に『無量寿経』についてですが、この経典はサンスクリット語では「スカーヴァティーヴューハ」といわれ、インドのマガダ国の都・王舎城近くの耆闍崛山《ぎしゃくっせん》（霊鷲山《りょうじゅせん》）で、釈迦が弟子の阿難《あなん》に説法《せっぽう》するという形式がとられています。はるか昔、世自在王仏《せじざいおうぶつ》という仏がこの世に現われました。一人の国王がこの仏の教えを聞いて感動し、出家《しゅっけ》して法蔵菩薩と名乗ります。彼は苦しむすべての人々を救済しようと、四十八の願をおこし、長い修行の後、この願を成就します。そして、法蔵菩薩は阿弥陀仏となり、今も西方浄土に住んでおられるというのです。その上で、浄土とはどのようなところか、われわれがその浄土に生まれるためにはどうすればよいのか。浄土に生まれるには、仏を信じ念仏を称えなければなりませんが、信心、念仏とは何かが順次説かれていきます。

じつはこの浄土、信心、念仏などについて、親鸞は画期的な解釈をします。浄土は単なる死後の世界ではない、信心も念仏も仏のほうからいただくものであるというように。この点についてはあらためて後に詳しく説明します。

親鸞の教えを生んだ「浄土三部経」

浄土三部経

『無量寿経』

成立
紀元前後～二世紀はじめ

成立地域
インド西北部～中央アジア

形式
釈迦が耆闍崛山で弟子の阿難に説法する。応答形式

内容
世自在王仏という仏の教えに感動したある国の王が、法蔵菩薩と名乗る。彼は一切の衆生を救済するために四十八の願をおこすと、長い修行の結果、それを成就させた。
法蔵菩薩は阿弥陀仏となり、今は西方浄土に住んでおられる。さらに浄土の境地とはどのようなものであり、浄土に生まれるには何をすべきかが説かれる。親鸞がもっとも重視した経典

『観無量寿経』

成立
紀元後四世紀末頃

成立地域
不明

形式
釈迦が耆闍崛山で弟子の阿難に説法する。応答形式

内容
マガダ国の都・王舎城でおこった「王舎城の悲劇」で骨肉の争いに巻き込まれた釈迦が、息子の阿闍世によって牢獄に幽閉された王妃・韋提希夫人に説法を求められる。
苦悩のない浄土に生まれるにはどうすればよいのかを問われた釈迦は、浄土や阿弥陀仏を観る十六の観想法などを説きながら、最後に「念仏することがもっとも大切である」と説く

『阿弥陀経』

成立
二世紀～三世紀はじめ

成立地域
北インド

形式
釈迦が舎衛国の祇園精舎で弟子の舎利弗に説法する。応答形式ではない

内容
三部構成。一部では極楽浄土の様子が描写され、阿弥陀仏や聖者の徳が示される。
二部では、浄土に生まれるには自力の善ではなく、他力の念仏を一心に称えることが大切であると説かれる。
三部では、念仏によって浄土に生まれることだけが真実の道であること、このことを諸仏も証明されており、念仏者を守ってくださっていると説く

行巻1

——念仏の行は、阿弥陀さまの願いによる

［現代語訳］

つつしんで、私たちを浄土に往生させようとしてくださる阿弥陀さまの往相回向について、さらに深く考えてみると、大行《だいぎょう》と大信《だいしん》がある。

大行とは、*1智慧《ちえ》や救済力の光が何ものにもさえぎられないという意味をもった*2無碍光《むげこう》如来《にょらい》〈阿弥陀さま〉のお名前（名号）を称えさせていただくことである。この行は、阿弥陀さまご自身がすでに*3万善万行《まんぜんまんぎょう》を修しその功徳《くどく》を成就してくださっているのであるから、そのままであらゆる善も功徳も具《そな》えられているのである。だから、その名号のいわれを聞いて信じ、お名前を称えさせていただくやいなや、善や功徳が私たちの身の中に満ち満ちてくるのだ。言いかえれば、*4真理自体がこの世に現われ、広大な海のように私たちを包みこみ、真実の世界に住まわせていただけるようになるのである。このような行は一般の行とはまったく異なったものであり、とくにすぐれた行であるから大行と名づける。

ところで、この行がどこから生まれたのかというと、阿弥陀さまが広大な慈悲の心によっておこされた四十八の願のうちの第十七願から生まれたのである。

この第十七願とは、「もし私が仏になるとき、*5十方《じっぽう》世界《せかい》の無数の*6諸仏《しょぶつ》が、みな私の名をほめ讃《たた》えて南無阿弥陀仏とおっしゃってくださらないようなら、私は決して仏になりません」と誓ってくださったものである。諸仏がほめ讃えてくださるという意味を汲んで「諸*7仏称揚《しょうよう》の願」、あるいは南無阿弥陀仏《なむあみだぶつ》と称えてくださるという意味を汲んで「諸仏称名《しょうみょう》の願」と名づけられる。また讃嘆《さんだん》してくださるという意味を汲んで「*8諸仏咨嗟《ししゃ》の願」とも名づけられる。さらには、この願によってすべての人々が浄土に往生させていただけるのであるから「往相回向の願」とも名づけられ、さまざまな行から、あえて称名を選んでくださったという意味を汲んで「選択《せんじゃく》称名の願」とも名づけられているのである。

[語句]

＊1 智慧（仏教でいう智慧とは、煩悩を消滅させるために正しく判断できる能力のこと）。

＊2 無碍光如来（阿弥陀仏の別名。さえぎられることのない無限の光に象徴される存在）。

＊3 万善万行（あらゆる善い行ない）。

＊4 真理（仏教では真如・法性・一如などといい、

宇宙万物の姿をいう。人は煩悩に支配され、それをそのまま見られないとされる)。

＊5 十方世界（あらゆる方角に無限に存在する世界のすべて)。

＊6 諸仏（一神教とちがって仏教では成仏を目的とするから、多くの仏が存在する)。

＊7 称揚（ほめ称えること)。

＊8 咨嗟（讃嘆すること）

［あらすじと解説］

親鸞は行巻冒頭の文で、①往相回向を深く考えると、大行と大信があるので、②行巻ではまず大行を取り上げ、大行とは名号を称えることだとし、③その根拠は四十八願の中の十七願にあるとします。ここでは「名号」についてだけ解説してみます。

「名号」とは、阿弥陀仏の名や「南無阿弥陀仏」と称えることをいいますが、親鸞によると、名号は単にわれわれ人間の側からだけ称えるものではないといいます。純粋な信心もおこせず、純粋な念仏も称えられないと懺悔《ざんげ》する親鸞は、すでに仏ご自身がみずからの存在と働きを仏の名すなわち名号の中に包みこみ、われわれに示してくださっていたということに気づきます。そして、このような慈悲の心にみち、思いやりの功徳にみちた名号をいただき、称えさせていただくことこそが念仏を称えることであるというのです。つまり名号とは、仏によって工夫され、完成された言葉だといえるのです。

親鸞は名号をどうとらえたか

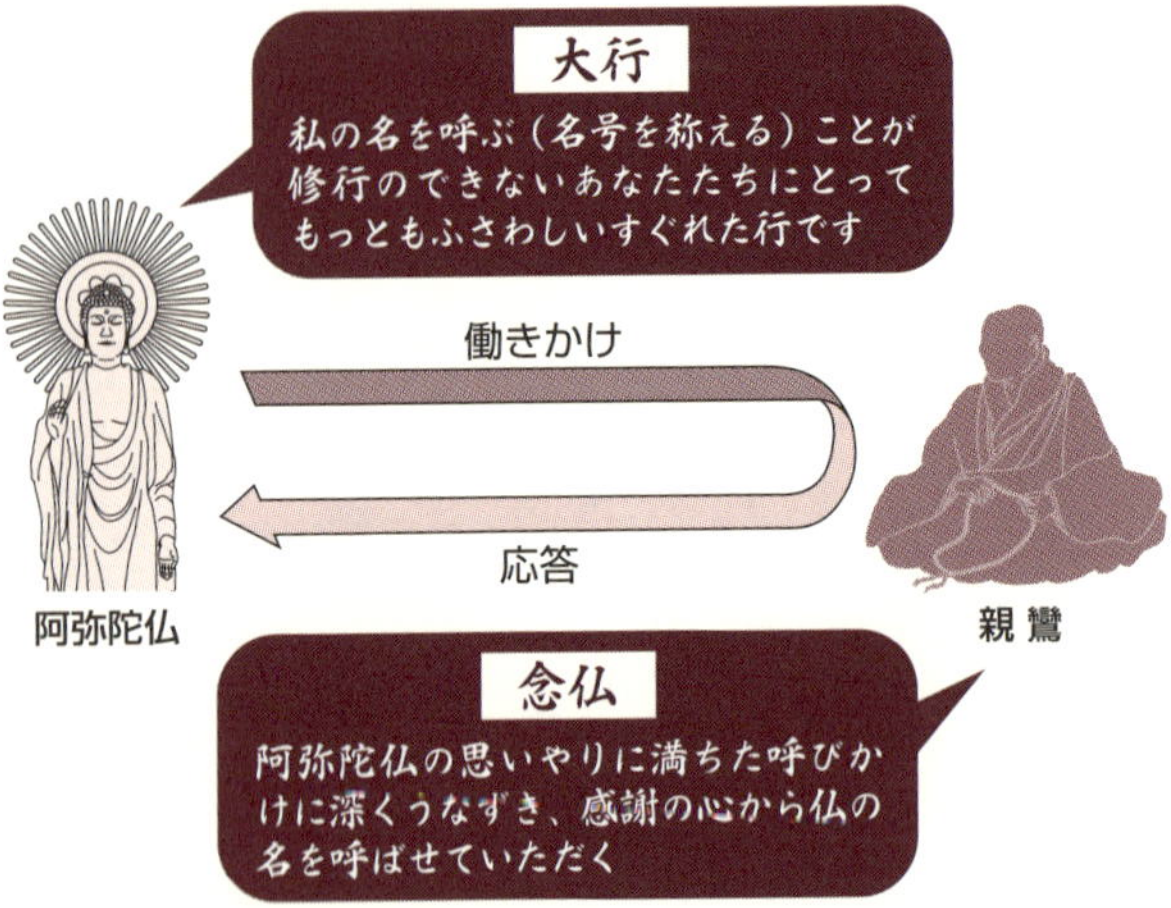
大行
私の名を呼ぶ（名号を称える）ことが修行のできないあなたたちにとってもっともふさわしいすぐれた行です
働きかけ
応答
阿弥陀仏
親鸞
念仏
阿弥陀仏の思いやりに満ちた呼びかけに深くうなずき、感謝の心から仏の名を呼ばせていただく

言いかえれば、名号とはわれわれの側のものというより、仏の願いに目覚めさせようとする仏からの呼び声というべきものです。

たとえば「お母さん」と呼ぶ子どもの声はたしかに子どもが発しますが、もともとは母親のほうから「私が母ですよ、私を信じて母さんと呼びなさい」と呼びかけられているからこそ出てくるものです。

このように親鸞のいう名号の背後には、仏の願いと働きかけがこめられています。単に人間から発せられる行為ではなく、仏の願いによって引き起こされるという深い意味をもった行為であり、単なる行ではありません。そのため非常にすぐれた行という意味で「大行」と名づけられるのです。

第四章
『教行信証』を読み解く

行巻2
——称名は最も優れた行為である

［現代語訳］

阿弥陀さまのお名前を称えれば、阿弥陀さまは、迷いの原因となる無明《むみょう》を破り、真理を教えてくださる。こうして真理の世界である浄土に生まれたいという私たちの切実な願いをかなえてくださるのだ。だから称名は、浄土に往生させていただくことが決定される最もすぐれた行為であるし、この行為こそがお念仏なのである。

お念仏とは「南無阿弥陀仏」と称えることであり、ひたすら「南無阿弥陀仏」と称えさせていただくことは、阿弥陀さまの思いやりを信じさせていただいていることであって、信心（正念《しょうねん》）でもある。お念仏を称えるのと信じることは別の行為ではないと知るべきである。

［あらすじと解説］

ここでは、①ひたすら名号を称えれば、迷い・苦しみの根本的な原因になっている人間の無明（無知）の状態から解き放たれ、真理の世界である浄土に生まれることができるようになるから、②名号を称える行為は人間として最高の行為である。③名号を称えることは念仏であり、「南無阿弥陀仏」と称えることである。これは阿弥陀仏を信じているからできることであるので、信心と一体であるというのです。

ここでは、「無明」について説明しておきます。

釈迦は菩提樹《ぼだいじゅ》のもとで、縁起《えんぎ》の理論を悟ったといわれています。縁起とは、どんなことも縁によって起こり、単独に起こるものではないという理論です。これによって釈迦は苦の問題を考えました。苦の根本的な原因を、彼は無知から来る迷いすなわち無明と考え、次のように考えていったのです。

人生への無知（無明）から、人間のそれぞれの行為（行《ぎょう》）と意識活動（識《しき》）が生じ、自分は自分という個体であるという認識を持つ（名色《みょうしき》）。こうして六つの感覚を働かせ（六入《ろくにゅう》）、欲の対象に接し（触《そく》）、快・不快を感受し（受《じゅ》）、感受したものに愛着する（愛《あい》）。そして愛着を感じるものに執着《しゅうじゃく》し（取《しゅ》）、一定の身分に固執《こしゅう》するようになり（有《う》）、それが生存という生命の欲求となると（生《しょう》）、老いや死に苦しみ（老死《ろうし》）、さまざまな苦を引き起こすのだ、と。簡単にいえば、人は無知だから迷うのであり、迷うがゆえに物事に執着して真理がわからず、苦しむというのです。これを左図のように十二の段階を経て考えたものが十二支《じゅうにし》縁起です。

したがって無明を止滅《しめつ》し、真理を知り実践すれば苦を超えられるわけですから、無明を止滅するために、さまざまな修行が考えられていたのです。親鸞も比叡山《ひえいざん》でこの修行に打ちこむのですが、結局自力《じりき》で無明を止滅することはできませんでした。しかし挫折《ざせつ》を通して気づかされたのが、阿弥陀仏の名号を称えることで無明を破っていただき、迷いを離れさせていただくということでした。

無明と縁起

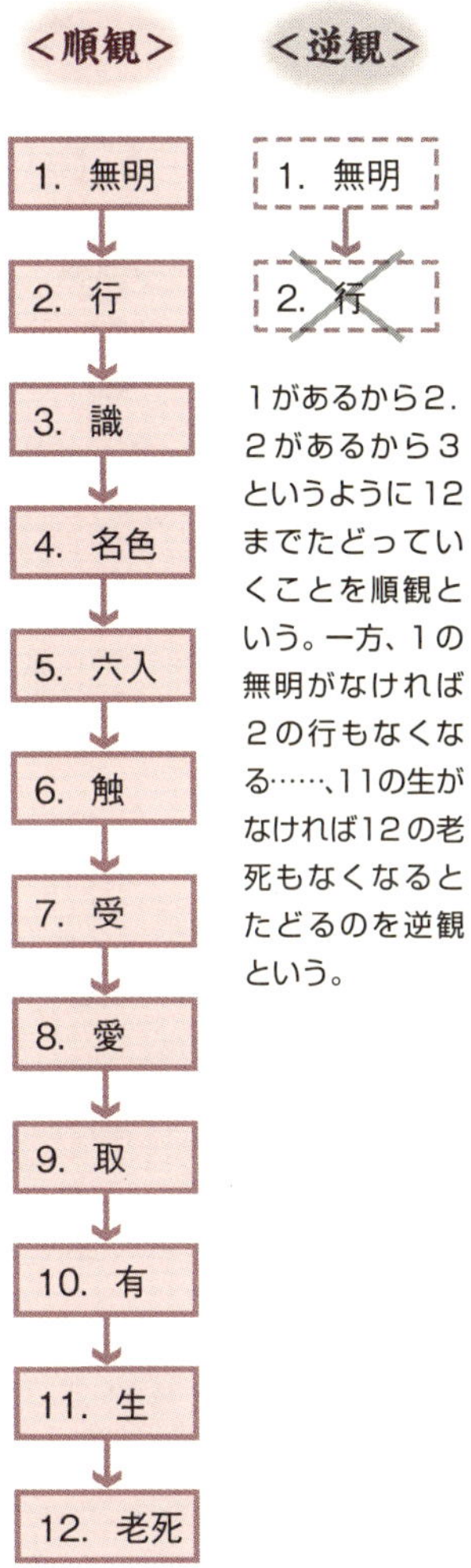
＜順観＞
1. 無明
2. 行
3. 識
4. 名色
5. 六入
6. 触
7. 受
8. 愛
9. 取
10. 有
11. 生
12. 老死
＜逆観＞
1. 無明
2. 行
1があるから2.2があるから3というように12までたどっていくことを順観という。一方、1の無明がなければ2の行もなくなる……、11の生がなければ12の老死もなくなるとたどるのを逆観という。

第四章
『教行信証』を読み解く

行巻3
——念仏は阿弥陀さまの呼びかけである

［現代語訳］

「南無」[*1]という言葉は、帰命[*2]《きみょう》ということである。帰命の「帰」という字は、至るという意味で、私たちの心に阿弥陀さまの働きかけが至るという意味。また帰説《きえつ》という意味をもち、「よりたのめ」ということ。説という字はこの場合は、よろこぶという意味をもつ悦《えつ》と同じである。そこで帰説《きさい》という意味となり、悦《よろこ》んで阿弥陀さまの働きかけに帰せよ、そしてその働きかけに喜んで「よりかかれ」と読める。説の字は、税《さい》とも読み、悦も税も告げるとか述べるという意味を持つので、阿弥陀さまが自分の心を告げ、述べられるという意味になる。

また「命」という字は、阿弥陀さまの働きかけの意があり、私たちを招き引き寄せてくださっていること、そうさせておられること。そしてそう教えてくださり、そのように導いてくださっていること。さらに私たちを信じてくださっていること、私たちのためにはからってくださっていること、すぐに阿弥陀さまのところに来るようにと喚《よ》んでくださっていることを意味する。したがって「帰命」とは、阿弥陀さまご自身が私たちに向かって、「私の浄土に早く来なさい」と強く招き喚んでくださっていることとなり、本願招喚《ほんがんしょうかん》の*3勅命《ちょくめい》ともいうべきことである。

また南無という言葉には*4「発願回向《ほつがんえこう》」という意味も含まれている。「発願回向」とは、阿弥陀さまがまだ法蔵菩薩でいらっしゃったとき、私たちに南無阿弥陀仏という名号を行として用意し、与えてくださった阿弥陀さまのお心をいう。だからこの行をさせることこそが、阿弥陀さまご自身が私たちを浄土に往生させるために選びぬいて与えてくださった本願そのものなのだ。

これによって「必得往生《ひっとくおうじょう》」つまり必ず浄土に生まれさせていただくことができるようになったのであるが、これは必ず仏にしていただくことが定められたという*5不退転《ふたいてん》の境地に至らせていただいたことをも、言いあらわしている。『無量寿経』には「即得《そくとく》往生」と説かれ、龍樹《りゅうじゅ》菩薩の書かれた『十住毘婆沙論《じゅうじゅうびばしゃろん》』の「易行品《いぎょうほん》」には「即時入必定《そくじにゅうひつじょう》」とある。「即」という字は、阿弥陀さまの願いの真意を聞かせていただくことによって、私たちのために用意してくださっていた浄土に生まれる原因が決定するのであるが、それは私の力ではなく阿弥陀さまの願いの力によるのだから、まさに瞬間的な出来事であるということを明らかにした字なのだ。また「必」という字は、審《つまび》らか、明らかという意味で、私たちは阿弥陀さまに信じられているのだから、すべてが阿弥陀さまのほうからはからわれていること、往生も定められていることは明らかだということがいわれているのである。金剛石《*6こんごうせき》のように堅い信心をいただいた人の姿を言い表わしているのである。

［語句］

＊1 南無（サンスクリット語の namas を音写したもの。従来は仏・菩薩・経典などを敬い、帰依《きえ》することをいったが、親鸞は独自な意味を持たせた）。

＊2 帰命（従来は仏や仏の教えに従うことをいったが、親鸞はその意味を大きく変えた）。

＊3 勅命（一般に天皇の命令を指したが、親鸞は「仏のほうからの思いやりに満ちた一方的な働きかけ」の意味に用いた）。

＊4 発願回向（従来は浄土往生を願い、善行による功徳を差し向けることをいったが、親鸞はこれを仏の働きの中に見出した）。

＊5 不退転の境地（浄土に生まれ仏になることが定められ、もはや退歩しない境地）。

＊6 金剛石（ダイヤモンドのこと。他力の堅固な信心を象徴する）。

［あらすじと解説］

ここでは、①南無阿弥陀仏の「南無」は「帰命」であるとされ、②その帰命の「帰」と「命」の意味が詳しく考察されます。そして帰命とは単に人間の側から帰依するということではなく、阿弥陀仏が招き喚んでくださっていることだという独自の解釈がなされます。これが「本願招喚の勅命」です。続いて③「発願回向」に触れ、往生の原因となる「南無阿弥陀仏」自体も阿弥陀仏から与えられるものとします。そして念仏を称えさせていただくとき、往生は即座に仏のほうから定められ、不退転の境地に住まわせていただけることになる、というのです。

ここでは「本願招喚の勅命」と「発願回向」について説明しておきます。

南無阿弥陀仏の六字の意味について解釈することを六字釈《ろくじしゃく》といいますが、これを最初にしたのは中国の善導《ぜんどう》でした。彼によれば「南無」というのはわれわれが阿弥陀仏に帰依すること、阿弥陀仏と称えることはその行であり、この二つはともに仏道を実践する当事者の行為でした。ところが親鸞は、この六字釈を大きく転換してしまいます。

親鸞は、まずサンスクリット語の namas を中国語に音写した「南無」という言葉が「帰命」と漢訳されていることに注目し、「帰」と「命」の字の意味をさまざまな文献によって分析し、明らかにしていきます。そして「帰」とは、結局阿弥陀仏が私たちを浄土に往生させようと願っておられるのだから、この働きかけを喜んでそのままいただくことだと解釈します。さらに「命」の字は、阿弥陀仏の働きかけという意味であり、私たちを招き引き寄せ、導いてくださっていること、喚びかけてくださっていることであると解釈するのです。このように二つの文字を検討することによって、「帰命」は、「本願招喚の勅命」、つまり阿弥陀仏ご自身が私たちに向かって、「私の浄土に早く来るように」と招き喚び、命じてくださっていることであるととらえます。善導が南無について解釈した、人間が阿弥陀仏に帰依するという意味ではなく、阿弥陀仏ご自身が人間を浄土に招き喚ばれていることであると解釈したところに、親鸞の画期的な解釈法が見られます。

また「発願回向」について、善導は私たちが浄土往生を願い、自分の行なった行為をそのためにふり向けるという意味に解釈しました。ところが親鸞は阿弥陀仏ご自身が願をおこし、修行することによって見出された浄土往生の因《いん》としての「南無阿弥陀仏」の名号を私たちに与えようとされていると解釈したのです。こうして仏ご自身が名号を選び、喚んでくださっているわけですから、即座に浄土に生まれることができるのです。すべてが仏の回向によるのです。これが親鸞の至った絶対他力《ぜったいたりき》の在《あ》り方にほかなりません。

親鸞の画期的な念仏の解釈

＜善導の「南無」の解釈＞

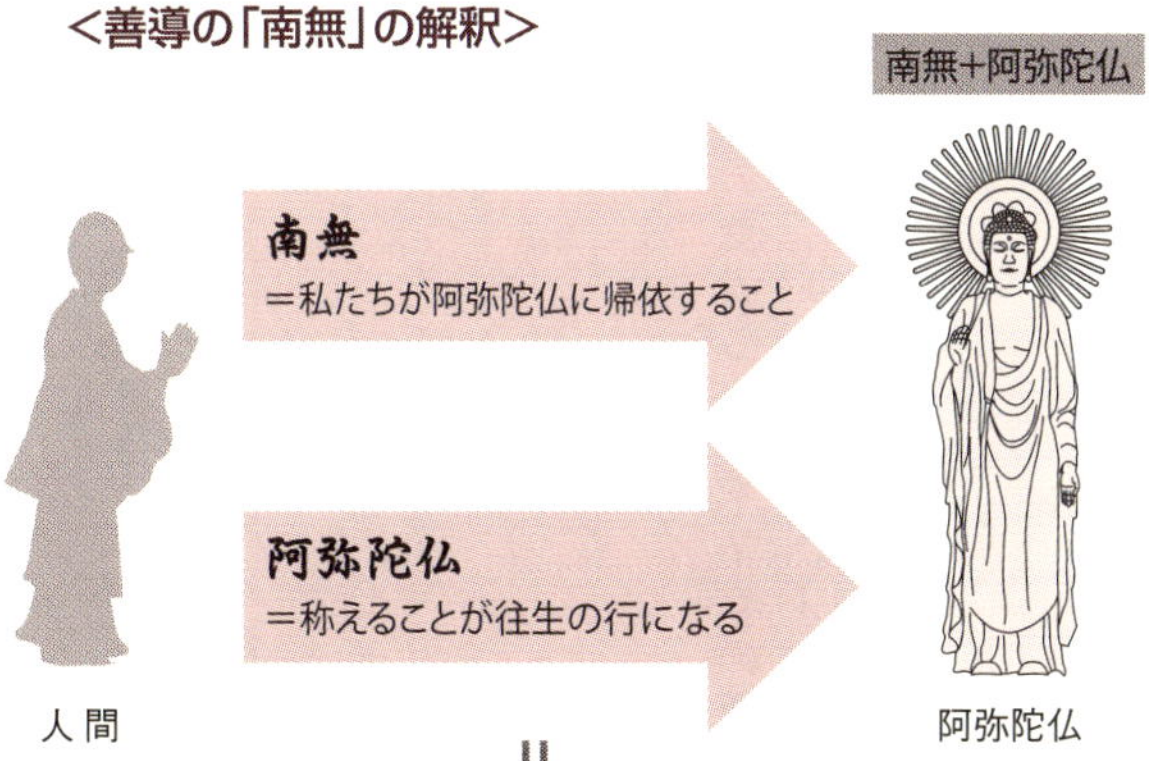
南無＋阿弥陀仏
南無
＝私たちが阿弥陀仏に帰依すること
阿弥陀仏
＝称えることが往生の行になる
人間
阿弥陀仏

＝

「南無」も「阿弥陀仏」も人間の行為

＜親鸞の「南無」の解釈＞

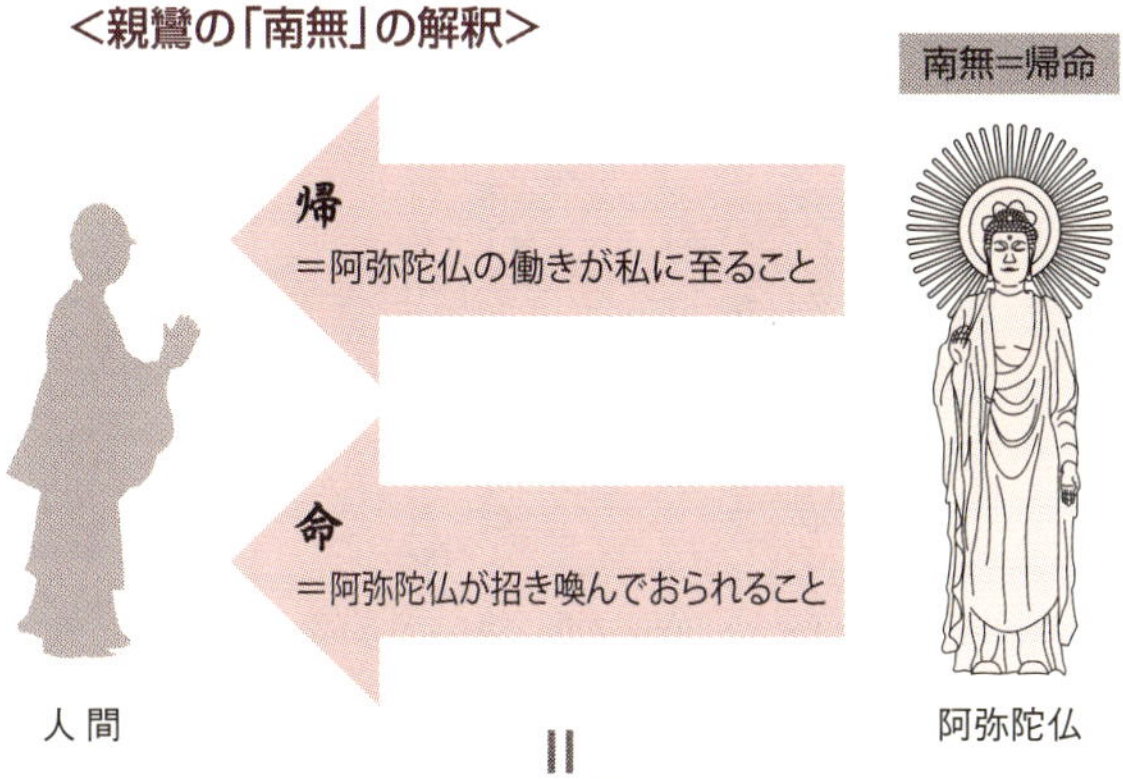
南無＝帰命
帰
＝阿弥陀仏の働きが私に至ること
命
＝阿弥陀仏が招き喚んでおられること
人間
阿弥陀仏

＝

「帰」も「命」も阿弥陀仏からの働きかけ

第四章
『教行信証』を読み解く

行巻4

——念仏は自力の行ではない

［現代語訳］

はっきりとわかった。お念仏は、*1凡夫《ぼんぶ》であっても、修行を積んで聖者《せいじゃ》といわれているような人であっても、いずれにせよ人間が自力で行なう行ではないのである。お念仏の行は阿弥陀さまのほうから回向してくださった行なのだから、私たちからいえば不回向《ふえこう》の行と名づけるのだ。

*2大乗《だいじょう》仏教の聖者も*3小乗《しょうじょう》仏教の聖者も、あるいは重罪をおかしてしまった悪人も、まだ軽い罪しか犯していない悪人であっても、皆《みな》同じように等しく、阿弥陀さまが選びぬいてくださった宝の海ともいうべき名号に身をゆだね、ひたすら念仏を称え、すべての人々が仏にしていただかねばならないのである。

［語句］

＊1 凡夫（仏教の真理に目覚めることなく、煩悩に支配されて生きている者）。
＊2 大乗仏教（前一世紀以後インドに発生し、中国・日本などに伝わった仏教の流れの通称。他者の救済を重視するなどの特徴を持つ）。
＊3 小乗仏教（大乗仏教徒が利他主義の立場から、自己の悟りを中心にすえる伝統仏教に対しつけた名称。南方仏教がこの系統に属するといわれる）。

［あらすじと解説］

親鸞はさまざまな文献から引用し、検討した結果、次のことがはっきりとわかったといいます。①念仏は人間が自力で行なう行とは根本的に違い、②阿弥陀仏ご自身が回向してくださるものであり、人間が回向するものではないから「不回向の行」である。③だから聖者であろうと悪人であろうと、皆等しくこの念仏をいただき、称えさせていただけるのであり、それによって誰でも仏にしていただける、と。

ここでは「不回向の行」について触れておきます。

ご存知のように、親鸞の門弟《もんてい》唯円《ゆいえん》が書いたといわれる『歎異抄《たんにしょう》』には、有名な「善人なおもて往生をとぐ、いわんや悪人をや」という文章があります。「善人より悪人こそが往生する」という意味で、きわめて逆説的だといわれる文章ですが、この文意は悪人のほうが「不回向の行」の本当の意味がわかるため、ととらえられます。

「正像末和讃」に述べられた「不回向の行」

真実信心の称名は
弥陀回向の法なれば
不回向となづけてぞ
自力の称念きらわるる

現代語訳
本当の信心から称えられる称名は、阿弥陀さまが回向し称えさせてくださっている称名である。だからこそ不回向と名づけ、自力で称える念仏は嫌われるのだ

煩悩に犯され、もはや自分が救われる可能性などないと絶望するその心の中にこそ、「もう何もしなくてもよい、あなたが救われるべき準備は全部私がしよう」という仏の思いはまっすぐに入っていくでしょう。

つまり「不回向の行」を全身から感謝にみちて受け入れられるのは、「自分の中には善行を行なう能力も意志も持てない」と懺悔《ざんげ》、告白できる人間でなければならないということです。

このあとの信巻で、「悲しきかな、愚禿鸞《ぐとくらん》、愛欲《あいよく》の広海に沈没《ちんもつ》し、名利《みょうり》の太山《たいせん》に迷惑して、……恥ずべし、傷《いた》むべし」と懺悔、告白した親鸞であったからこそ、この「不回向の行」に気づき得たのではないでしょうか。

第四章
『教行信証』を読み解く

行巻5

——名号と光明、そして信心について

[現代語訳]

するとまた次のことがよくわかってくる。名号という慈《いつく》しみにみちた父が存在しなければ浄土に生まれる原因を欠くことになるだろうし、私たちが何でも疑ってしまう冷えた心を照らし温めてもらう光明《こうみょう》ともいうべき慈母の存在がなければ、浄土に生まれる縁から離れてしまうことになるだろう。しかしこの慈父《じふ》と慈母がそろい、因と縁がととのったにせよ、阿弥陀さまから私たちの心に信心が届き、私たちがそれをしっかりといただいて胸に宿《やど》さなければ、光明に満ちた浄土に生まれることはできないのだ。

阿弥陀さまからいただいた真実の信心が私たちの中で働いてくださっていると気づくことを内なる正しい因とし、光明と名号の父母を外なる縁とする。そしてこの内外*の因と縁が結合して、はじめて阿弥陀さまの浄土に往生させていただき、阿弥陀さまと同じ悟りを得させていただくことになるのである。

［語句］

＊内外の因と縁（因は直接の原因、縁は間接的な原因。自分の内に生じる因を内因、外から働く縁を外縁という）。

［あらすじと解説］

ここでは、①折角《せっかく》、慈父に当たる名号をいただいても、疑い深い冷たい心を慈母に当たる光明に温めてもらえなければ、浄土に生まれる縁からはずれてしまうこと。②さらに信心をいただいても、それがしっかりと私たちの心に宿らなければならないことを説き、③信心が私の心の内で働く内因に気づき、外から名号と光明が与えられているという外縁《げえん》に気づくとき、はじめて浄土に生まれ、悟りを得ると述べられています。

名号と信心についてはこれまでに説かれてきましたが、ここに「光明」という語句が新たに登場します。なぜ親鸞は名号と信心だけでなく、あえて光明を加えて説いたのでしょうか。

人間というものは、たとえ阿弥陀仏から「私の名を呼びなさい」といわれても、なかなか素直に応じられないところがあります。「聞く耳を持たない」という言葉があるように、

親鸞が説いた名号・光明・信心

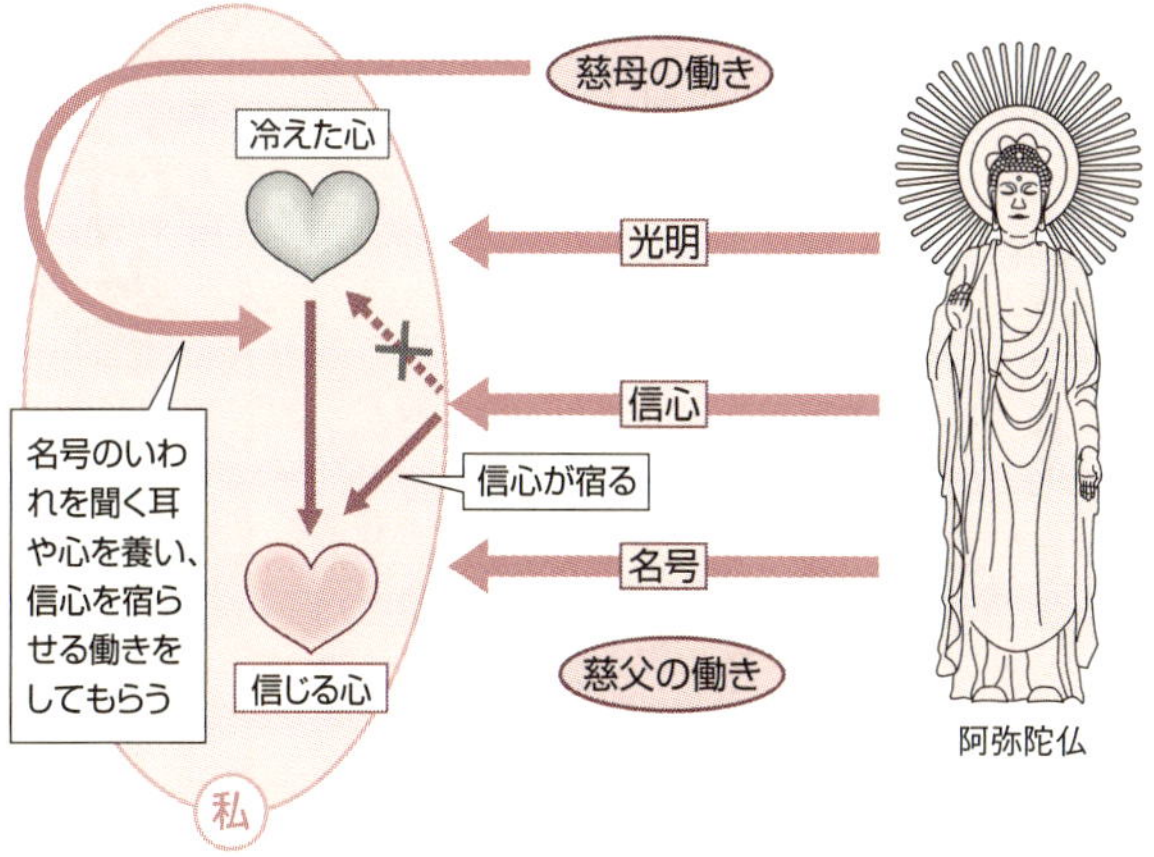
慈母の働き
冷えた心
光明
信心
信心が宿る
名号のいわれを聞く耳や心を養い、信心を宿らせる働きをしてもらう
名号
信じる心
慈父の働き
私
阿弥陀仏

耳には入っていても心に響かず、まして心に宿るまではいきません。煩悩が本当の耳をさえぎってしまう場合が多いからです。

そこで親鸞は、仏がその耳を開き、煩悩に犯されて猜疑心《さいぎしん》にとらわれた冷たい心を温めてくださり、仏の声がよく聞こえ、素直にそれを受け入れられる心にしようと光で照らしてくださっているのだととらえ、その働きを「光明」という言葉で表現したのです。そこまで仏は、私たちのためにしてくださっていると彼は感じたのです。

光明は宗教的な思いにみちた表現だといえます。これに気づいたとき、名号は素直に受け入れられ、信心もおのずと心に宿り、救われる実感が湧いてくるのでしょう。

第四章
『教行信証』を読み解く

行巻6

——念仏によってのみ涅槃の世界に入れていただく

［現代語訳］

「一乗海《いちじょうかい》」という言葉についてであるが、まず「一乗」とは自己の完成を優先し他者の救済を軽視しがちな小乗の教えとちがって、他者の救済を優先し、大きな乗物にすべての人々を乗せて悟りに導く大乗の教えを指す。したがってこの大乗とは仏乗ともいい、誰もが仏になれるように導く教えのことをいう。

だから一乗を得るということは、大乗の教えに導かれ、*1阿耨多羅三藐三菩提《あのくたらさんみゃくさんぼだい》つまり一切《いっさい》の真理を正しく知られた仏の智慧をいただき、仏にしていただくことなのである。

阿耨菩提《あのくぼだい》の境地とは*2涅槃《ねはん》の世界であり、あらゆる煩悩が消え、苦しみから離れた安らぎの境地だ。涅槃の世界は*3究竟法身《くきょうほっしん》の世界ともいい、肉体的な世界を超えた純粋な真理の世界でもある。純粋な真理と一つになるには、一乗つまり大乗を極め尽くさねばならないのであるが、これを極め尽くされた方が*4如来であり、法身《ほっしん》という。

つまり如来は法身なのであり、こうして一乗の至極《しごく》を極めた方は、空間的にも時間的にも無限の存在となりうるのである。

大乗の一乗は、仏の声を聞いて修行し、悟ろうとする声聞《しょうもん》の人々や、仏によらず独力で縁起を自覚することによって悟ろうとする縁覚《えんがく》のような、自己の完成だけを目的とする二乗の立場ではない。さらに、その上に立って他人を仏にしようとする菩薩乗《ぼさつじょう》を加えて三乗とするような不完全な教えには立っていない。お釈迦さまが二乗、三乗の教えを説かれたのは、じつは私たちを一乗の教えに入らせるために説かれた方便の教えなのだ。一乗の教えこそがこの上ない真実の教えであり、誓願一仏乗《せいがんいちぶつじょう》といって、ただ阿弥陀さまの本願による念仏という唯一の乗物に乗せていただき、涅槃の世界に入らせていただくという教えなのである。

［語句］

＊1 阿耨多羅三藐三菩提（anuttara-samyak-sambodhi　あまねく一切の真理を知る仏の智慧）。

＊2 涅槃（nirvāṇa　煩悩を消滅した安らぎの境地。悟りの世界）。

＊3 究竟法身（色も形もない究極の真理そのものを表現したもの）。

＊4 如来（tathāgata　真理から生まれたもの、仏ともいう）。来たものという意味。最高の状態にある存在で、

［あらすじと解説］

これまで親鸞は、念仏の教えをしばしば一乗という言葉を用いて考えてきました。ここであらためて「一乗海」をテーマに、その意味を明らかにしようとします。まず、①一乗とは他者の救済を重んじる大乗の教えを指し、②この教えは仏の智慧を与えられて仏にしていただき、③あらゆる煩悩が消滅した安らぎの世界、涅槃に住まわせていただくことである。④涅槃の世界は色も形もない真理の世界であって、この世界を体現しているのが如来である。如来は私たちの世界に来て、念仏を勧め、涅槃に入れようとしてくださっている。⑤二乗（声聞乗・縁覚乗）・三乗（声聞乗・縁覚乗・菩薩乗）の教えは、このような一乗の教えに入らせる方便にすぎない、とします。

さて、ここでは「涅槃」と「如来」について触れておきます。

親鸞は、あらゆる人々を救おうとする阿弥陀仏を信じ、念仏することがすべてであると説くのですが、この阿弥陀仏はキリスト教の神と似ているといわれる場合があります。

涅槃の世界と如来

この一如宝海よりかたちをあらわして、法蔵菩薩となのりたまいて……阿弥陀仏となりたまうがゆえに……かたちをあらわし、御なをしめし……
（『一念多念文意』）

一如（真如）宝海
＝
涅槃
色も形もない永遠の真理の世界・煩悩が消滅され、苦しみのない安らぎの世界

阿弥陀仏（如来）

私の名（名号）を呼びなさい。念仏を称えなさい

念仏によって涅槃に入れていただく

しかし阿弥陀仏は如来でもあって、単なる人格的な存在とはいえません。もともと真理そのもの（一如《いちにょ》・真如《しんにょ》・法身）であり、「いろもなし、かたちもましまさず」（『唯信鈔文《ゆいしんしょうもん》意《い》』）という存在でした。それが「この一如宝海《ほうかい》よりかたちをあらわして、法蔵菩薩となのりたまいて、……阿弥陀仏となりたまうがゆえに……かたちをあらわし、御なをしめし」（『一念多念文意《いちねんたねんもんい》』）というのです。つまり真理そのものが、自己の姿を人間に知らせ、真理の世界（涅槃）に人々を招き、呼ぼうと働いてくださったのだといえます。ですがもとは一如の世界（涅槃）から来た存在ですから「如来」といい、あくまでその本来の姿は法身であって人格的な神とは違うのです。

第四章
『教行信証』を読み解く

行巻7
——本願の海は、すべての水を受け入れてくださる

［現代語訳］

さて、ここまで「一乗海」の「一乗」について述べてきたが、では「海」という字にはどんな意味があるのだろうか。

無限の過去から今まで、凡人や聖者といわれる人たちが修《おさ》めてきたさまざまな自力の行や自力の善をいろいろな川の水にたとえてみると、海は流れこむこれらの水を変えてしまう。父や母を殺すような*1五逆《ごぎゃく》の罪を犯した人たちや、仏の教えをそしる*2謗法《ほうぼう》の人たちや、仏になる因など到底持たない*3闡提《せんだい》といわれる人たちの、ガンジス河の砂ほどある煩悩の水も、本願の慈悲と智慧に満ちた海水によって、無数の功徳に満たされた真実の海水へと変えられてしまうのだ。こうした働きを海にたとえたのである。経典に「煩悩の氷が解（溶）かされ、功徳の水にしていただく」と説かれている意味が、よくわかるだろう。

このように、水さえも変えてしまう力を持っておられる阿弥陀さまの本願の海は、*4中《ちゅう》

乗《じょう》といわれる縁覚や、下乗といわれる声聞の人々が執着《しゅうじゃく》する頑迷《がんめい》な自力の心も包みこんで、本願の海の水にしてしまわれるのだ。まして、人間界や天上界*5の人たちの虚偽《きょぎ》に満ちた自力の善、毒の雑じった自力の心などは、声聞や縁覚ほどには頑迷でないから、そのまま本願の海の水にしていただけるのである。

［語句］

＊1 五逆（最も重い五つの罪。殺父・殺母・殺阿羅漢《あらかん》・仏身を傷つける・教団を乱す）。

＊2 謗法（誹謗正法。仏法の正しい教えをそしること）。

＊3 闡提（仏となる因のない者）。

＊4 中乗・下乗（三乗のうちの中乗（縁覚）と下乗（声聞）を指す。縁覚とは師仏の教えによらず独りで覚（悟）ろうとする者。声聞とは自己の解脱《げだつ》だけを目的にする者）。

＊5 天上界（すべての迷いを捨ててはいないが、苦の少ない天人が住む世界）。

［あらすじと解説］

次に親鸞は「海」の字の意味について述べようとします。のちほど触れますが、親鸞は海という字をとても好み、本願も本願海と表現するなど、頻繁《ひんぱん》に使っています。この一乗海つまり大乗海の海も本願海の海と同義と考え、まず①自力の行や善を川の水にたとえ、本願の海はこの流れこむ川の水を包みこみ、変えてしまうと述べます。そして海は②五逆や謗法を犯す者、仏になれない闡提たちも包みこみ、真実の海水にし、③煩悩に満ちた者も功徳に満ちた者にしてしまうといいます。さらにその海は、④頑迷に自力に執着する縁覚や声聞、そしてそこまで頑迷ではないがやはり自力にこだわる人間界や天上界の人々の本心を見抜き、一旦は浜辺に打ち上げて排除しようとはするが、やはり最後には海の中に包みこみ海水に溶かしこんで救うというのです。

ここで親鸞と海との関わりを解説し、前項のテーマであった一乗（大乗）の本願の深みに触れましょう。

京都日野《ひの》の里で生まれ、比叡の山中で修行に励み、吉水《よしみず》で回心《えしん》した親鸞は、陸で生きてきた人であるといってよいでしょう。その彼にとって流罪《るざい》の地・越後《えちご》で出会った広大な海は鮮烈な印象を与えたことと推察されます。孤独な親鸞に海は何を教えたのでしょうか。

晩年の『高僧和讃』では、次のように述べます。

名号《みょうごう》不思議の海水は
逆謗《ぎゃくほう》の屍骸《しがい》もとどまらず

衆悪《しゅあく》の万川《ばんせん》帰しぬれば
功徳のうしおに一味《いちみ》なり

この和讃で親鸞は、五逆や謗法の悪人を屍骸にたとえます。

普通海は、物の残骸を受け入れず、浜辺に打ち上げますが、やがてすべてを受け入れ溶かしてしまうように、屍骸のような悪人も、回心懺悔して名号を称えれば、そのまま本願の海に包みこまれ、受け入れられていくと考えたのです。川には清流《せいりゅう》もあれば泥水に汚れた濁流もあるでしょうが、海はすべての川を受け入れ、一つの味にしてしまいます。つまり、本願の海では名号の功徳によってどんな悪も転じられ、功徳と一体化されていくのです。越後の浜辺にたたずみ、親鸞はその思いを強くしていったものと考えられます。

先の本文の中で、原文では「願海《がんかい》は二乗《にじょう》雑善《ぞうぜん》の中下《ちゅうげ》の屍骸を宿さず。いかにいわんや、人天《にんでん》の虚仮邪偽《こけじゃぎ》の善業《ぜんごう》、雑毒雑心《ぞうどくざっしん》の屍骸を宿さんや」と書かれていた文、つまり海は縁覚・声聞の二乗、また人間界や天上界の屍骸のような者は浜に打ち上げ、海中には宿さないという文を、私はあえてそのような者も本願の海に包みこまれ、本願の海水にしていただけると訳しました。これは親鸞の真意を汲《く》んでのことです。真の仏法にそむく屍骸のような者でも、回心懺悔すれば功徳に包まれる、それが阿弥陀仏の真意であり一乗なのです。

本願の海はすべてを受け入れる

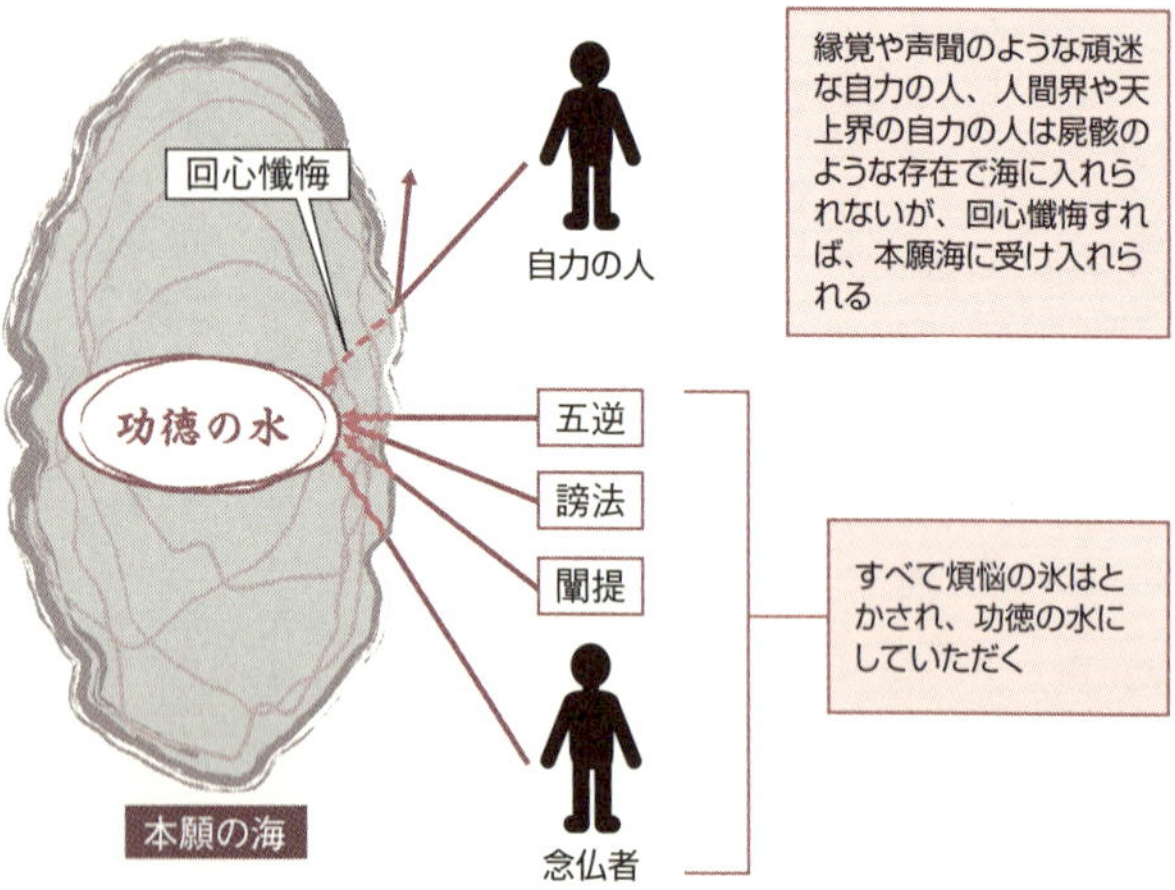
回心懺悔
功徳の水
本願の海
自力の人
縁覚や声聞のような頑迷な自力の人、人間界や天上界の自力の人は屍骸のような存在で海に入れられないが、回心懺悔すれば、本願海に受け入れられる
五逆
謗法
闡提
念仏者
すべて煩悩の氷はとかされ、功徳の水にしていただく

居多ヶ浜

流罪の際、親鸞が上陸したと伝えられる。

第四章
『教行信証』を読み解く

行巻8
——正信偈1

［現代語訳］

お釈迦さまが説いてくださった真の教えに帰依し、七高僧の解釈書に導かれて阿弥陀さまのご恩がいかに深遠《しんえん》であるかを知り、信じさせていただいた私は、喜びのあまり次のような*1「正信念仏偈《しょうしんねんぶつげ》」を作らせていただいたのである。

限りなき命の*2無量寿如来《むりょうじゅにょらい》に帰命し、
人間のはからいを超えた光である*3不可思議光如来《ふかしぎこうにょらい》に南無（帰命）します。
まだ阿弥陀さまが法蔵菩薩として修行なさっていたとき、
世自在王仏《せじざいおうぶつ》という仏さまのところにおいでなり、
さまざまな仏さまが仏になる以前にご自分の浄土を作り上げるためになさったこと、
またその浄土に住んでいる人々の優劣をしっかりと見定め、

これよりはるかに優れた浄土を作り上げて人々を迎え入れようと願い、
希有《けう》の誓いをおこしてくださった。
これを実現するために、長い長い間考え抜き、ついに成就してくださった。
名号を称えさせることによって浄土に迎え入れることができる、とお気づきになり、
この名号をどこに住んでいる人にも聞かせようと、もう一度誓ってくださった。
こうして法蔵菩薩は阿弥陀仏となられ、世界のすみずみにまで、無量で無辺《むへん》の光、
何ものにも妨《さまた》げられず・比較することのできない・炎のような尊い光、
清浄で・喜びに満ち・智慧に満ちた光、
断たれることのない・思い測《はか》ることもできない・言葉で称讃することもできない光、
日月にまさる光を放ち、塵《ちり》のように無数にある国々を照らしてくださっている。
すべての人はこの光に照らされているのだ。
本願による名号は、悟りを開かせていただき仏になるための正しい行ないとなる。
第十八の*4至心信楽《ししんしんぎょう》の願は往生の正しい原因となる。
仏と等しい悟りを開かせていただき、涅槃の境地に入らせていただけるのは、
必ず悟りを得るようにしてあげたいという第十一の*5必至滅度《ひっしめつど》の願が成就されたからだ。

お釈迦さまがこの世に生まれられたのは、
ただ海のように広大で深い阿弥陀さまの本願を説くためであった。
殺し合い、邪見《じゃけん》に支配され、煩悩に犯されるといった五濁《ごじょく》に満ちた悪世《あくせ》に住む人々は、
お釈迦さまの真実のお言葉を信じなければならない。
その言葉を聞き、喜びに満ちて阿弥陀さまを信じることができた瞬間から、
もはや煩悩を滅ぼさなくても、そのまま悟りの境地に導いていただけるのだ。
凡人も聖者も、五逆罪を犯す罪人や仏法をそしる大罪人も、共に本願に帰入《きにゅう》すれば、
どんな川も海にそそげば一つ味になるように、皆等しく救いを味わうのだ。
救い取り捨てないというお心から発せられる光は、常に私たちを照らし護《まも》ってくださる。
だから私たちの心の闇は破られているのであるが、
悲しいことに、貪欲《とんよく》や執着・怒りや憎しみといった私たちの煩悩が、雲や霧のように、
相変わらず真実の信心の天をおおい隠してしまうのだ。
にもかかわらず、たとえば日光が雲霧におおわれていても、
その下は明るくて闇がないように、変わることなく照らし続けてくださっているのだ。
信心をいただき、本願の思いやりに気づいて心から喜びに満たされるとき、

ただちに＊6横さまに天上・人間・地獄《じごく》・餓鬼《がき》・畜生《ちくしょう》の五悪趣《ごあくしゅ》を超え、断ち切るのだ。
善人であろうが悪人であろうが私たち凡夫は、
阿弥陀さまの誓ってくださった本願の呼びかけを聞いて信じれば、
お釈迦さまはこれを讃え、すぐれた智慧をいただいた＊7広大勝解者《こうだいしょうげしゃ》と呼んでくださり、
汚れた泥に染まらぬ白蓮華《びゃくれんげ》すなわち＊8分陀利華《ふんだりけ》と名づけてくださるのだ。
しかし阿弥陀さまが本願に誓ってくださったお念仏は、
よこしまな心をもち、驕《おご》り高ぶった人々には、
素直に受け入れ信じることがとてもむずかしいのである。
世の中にはむずかしいことが多いが、これほどむずかしいことはない。

［語句］

＊1 正信念仏偈（略して正信偈。七言一二〇句の偈（詩）。前半の無量寿経による依経分《えきょうぶん》と後半の七高僧の論釈による依釈分《えしゃくぶん》から構成される）。
＊2 無量寿如来（阿弥陀仏のこと。無量の寿命を持つという面からの名称）。
＊3 不可思議光如来（阿弥陀仏のこと。思議《しぎ》を超えた無量の光で照らすという面からの名称）。
＊4 至心信楽の願（第十八願のこと。あらゆる

人々が心の底から阿弥陀仏を信じ喜び、浄土に生まれたいと願い、一声でも念仏を称えれば、必ず浄土に生まれさせるという願）。

＊5 必至滅度の願（第十一願。今いるこの世で仏になることが定まる正定聚《しょうじょうじゅ》となし、必ず悟りを得させようとする願）。

＊6 横さまに（自力で段階をおうのではなく、仏の力でそのまま超えさせていただくさま）。

＊7 広大勝解者（本願の名号をよく了解し信心をいただいた者）。

＊8 分陀利華（サンスクリット語 puṇḍarīka を音訳した語）。

［あらすじと解説］

「正信念仏偈」は、一般的には「正信偈《しょうしんげ》」と呼ばれます。本願寺《ほんがんじ》八世蓮如《れんにょ》以降は、正信偈に親鸞が晩年に書いた和讃、および念仏が加えられたものが日常勤行《ごんぎょう》の形となり、真《しん》宗門徒《しゅうもんと》にはとても親しみのある文章となっています。今でも門徒の家では、毎日のように家族全員で声をそろえて読まれる光景が見られます。『教行信証』はむずかしいが、「正信偈」には親しみが持たれているというのが現状といえるでしょう。

　さてこの偈は大別して、阿弥陀仏の本願を説く『無量寿経』の教えが簡潔にまとめられた前半の「依経分《えきょうぶん》」と、七高僧の徳を讃える後半の「依釈分《えしゃくぶん》」からなっています。ここでは前半を訳したものをあげておきましたが、まず親鸞は、①無量寿如来と不可思議光如来（いずれも阿弥陀仏の別名）に帰命することを表明し、②『無量寿経』に述べられた阿弥陀仏について説明したのち、名号を称えることこそが仏にしていただく正しい行ないであると述べます。③次に、釈迦がこの世に現われたのは、阿弥陀仏の本願を説くためであったから、④本願の真意を聞き、信じさせていただけば、煩悩を持ったまま悟りの境地に導いていただけると指摘します。⑤しかし私たちは、依然として煩悩を持ったままであり、煩悩は雲や霧のように信心をさまたげますが、⑥雲や霧を通して阿弥陀仏は私たちを照らし続け、本願によって呼びかけ続けてくださっている。⑦だから、仏の呼びかけに耳を傾け、信じ、名号を称えるならば、釈迦は私たちをほめ、讃えてくださるのだと説いています。しかしまた、⑧こうしてひたむきに信じ念仏を称えられるのは、自分が自力では到底救われないという深い自覚があってこそであるとし、思い上がった人々にはとてもむずかしいことであると指摘して前半部を終えます。

　これを踏まえ、親鸞において重要な問題であった「煩悩と救い」の問題と、よく混同される阿弥陀仏と釈迦の関係について解説しておきます。

　親鸞は右の文中で、阿弥陀仏を心から信じられた瞬間から「もはや煩悩を滅ぼさなくても、そのまま悟りの境地に導いていただける」（原文は「不断《ふだん》煩悩《ぼんのう》得《とく》涅槃《ねはん》」）と述べていま

親鸞の考えた煩悩と救い

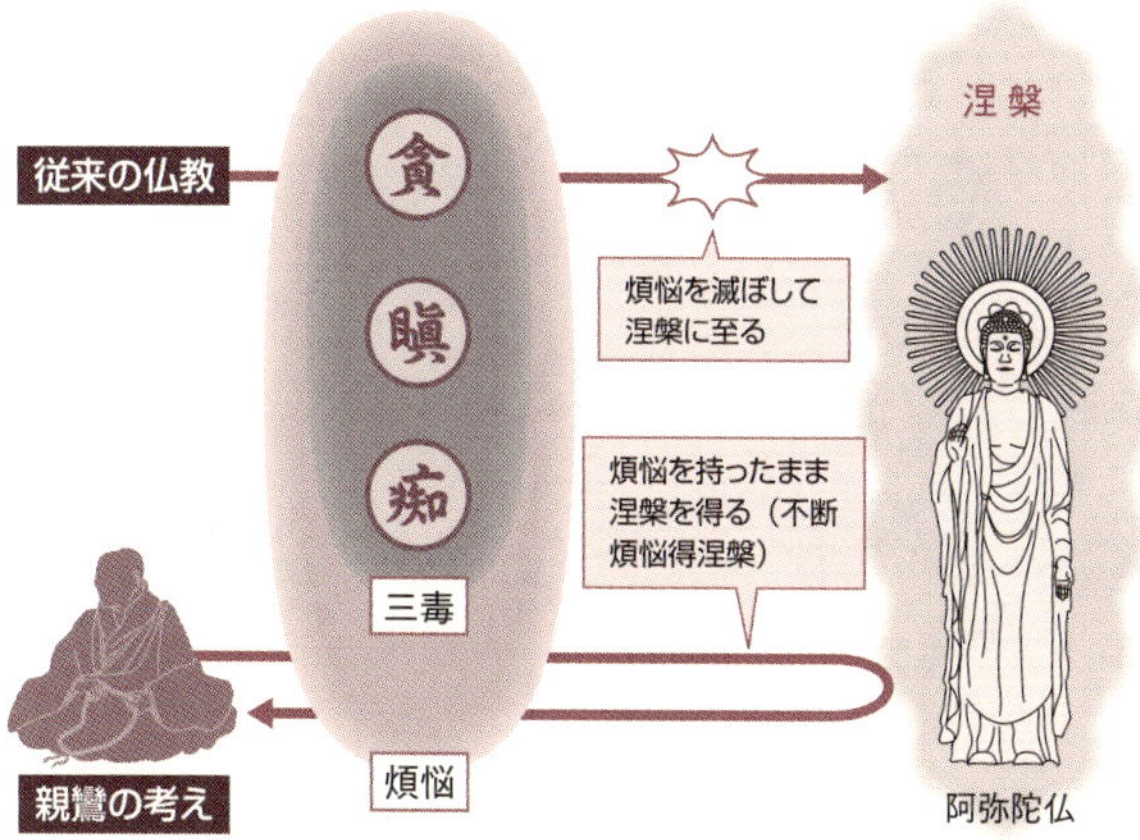
涅槃
従来の仏教
貪
瞋
痴
三毒
煩悩
煩悩を滅ぼして
涅槃に至る
煩悩を持ったまま
涅槃を得る（不断
煩悩得涅槃）
親鸞の考え
阿弥陀仏

す。仏教において煩悩とは、心身を乱し正しい判断をさまたげる心の働きをいい、この煩悩を滅ぼして「仏に成る」ことが最終目的であるとされてきました。それをなぜ親鸞は煩悩を持ったまま仏になれるなどといったのでしょうか。

仏教ではいろいろな煩悩が指摘されますが、最も根源的な煩悩として三毒《さんどく》といわれる煩悩があります。一つに「貪《とん》（かぎりなく広がり深まる欲望の心）」、二つに「瞋《じん》（欲望が満たされないと生じる激しい怒りの心）」、三つに「痴《ち》（怒りに続いておこる深い妬《ねた》みや恨《うら》みの心）」です。

じつはこれらを滅ぼすために親鸞自身も二十年間比叡山で修行に打ち込んだのですが、

釈迦と阿弥陀仏の関係

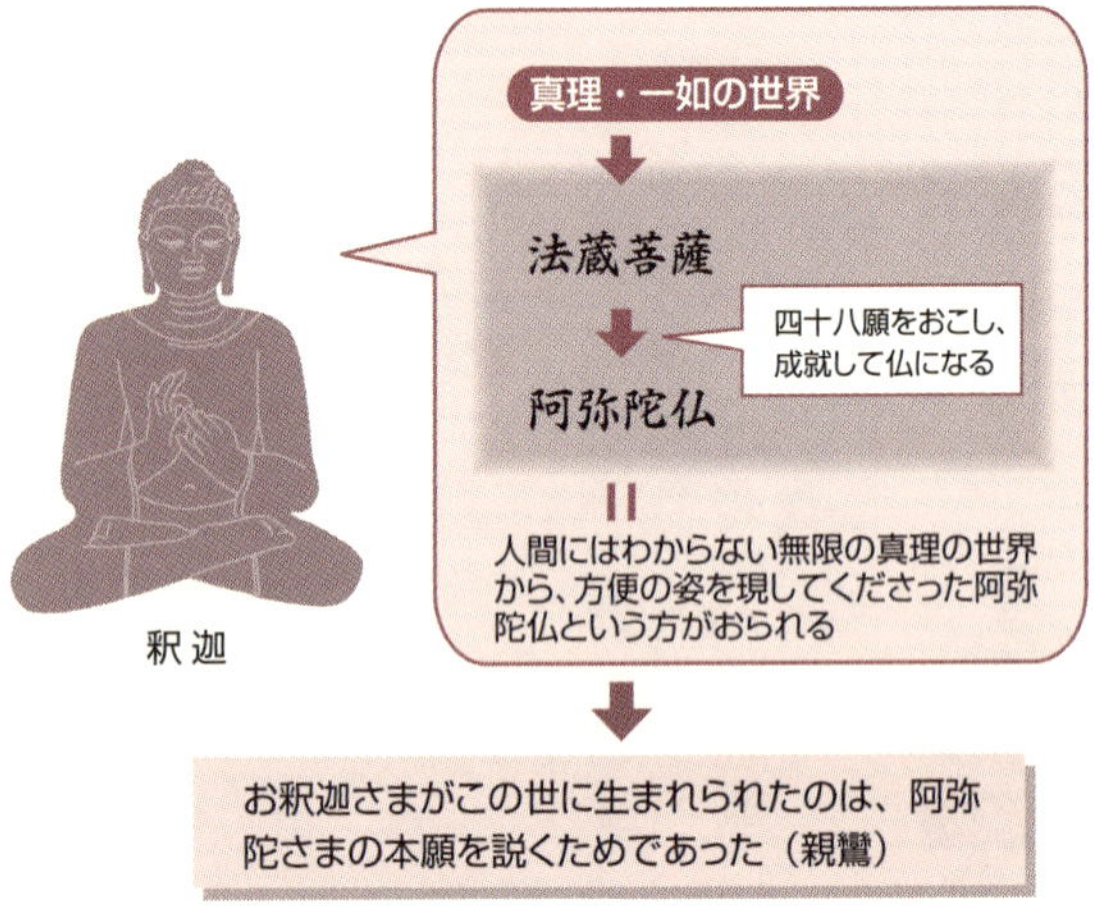
真理・一如の世界
法蔵菩薩
四十八願をおこし、
成就して仏になる
阿弥陀仏
人間にはわからない無限の真理の世界から、方便の姿を現してくださった阿弥陀仏という方がおられる
釈迦
お釈迦さまがこの世に生まれられたのは、阿弥陀さまの本願を説くためであった（親鸞）

到底できることではない、と挫折します。しかしこの挫折があったからこそ、本願はそれが不可能な者のためにおこされるのだということに気づいたのです。

煩悩を持ったままでよいと確信できたのは、このためです。

次に、釈迦と阿弥陀仏の関係です。釈迦は歴史上に実在した人物で、彼は有限である人間にはわからない無限の真理（真如・一如）の世界から、方便の姿を現わしてくださった阿弥陀仏という方がおられると語ります。その上で阿弥陀仏を信じ、名を呼び、真理を悟らせていただき仏にしてもらいなさい、と人々に説いてくださったというのです。上にこの関係を図示してみます。

第四章
『教行信証』を読み解く

行巻9

――正信偈2

［現代語訳］

さて、西のかなたインドの菩薩がた、
中国・日本の高僧がたは、
お釈迦さまがこの世に出現なさった真の目的を明らかにし、
阿弥陀さまの本願が時機《じき》にふさわしいことを明らかにしてくださった。
お釈迦さまは楞伽山《りょうがせん》で、
人々に向かってこうおっしゃった。
南インドに龍樹《りゅうじゅ》という菩薩が出、
万物《ばんぶつ》は存在すると固執《こしつ》する有の見解、万物は存在しないと固執する無の見解を打ち破り、
大乗の無上の教えを説き明かすだろう、
そしてみずから＊1歓喜地《かんぎじ》の悟りを開き、浄土に生まれるであろう、と。

事実、龍樹菩薩は世に出られ、自力で陸路を行くのは難行《なんぎょう》であると示し、
他力によって水路《すいろ》を渡してもらう易行《いぎょう》の楽しさを説き、これを信じよと勧めてくださった。
阿弥陀さまの本願にこめられた思いやりを心の中に思い、抱いていると、
そのまま自然に他力の力により必ず浄土に生まれる正定聚《しょうじょうじゅ》の位に入れていただけるから、
ただひたすらご恩に感謝して念仏を称え、
慈悲にみちた誓いのご恩に報いるようにとおっしゃってくださったのだ。
天親《てんじん》菩薩は*2『浄土論《じょうどろん》』を著《あら》わしてくださり、
私は一心に無碍光如来に帰命しますと表明され、次のように説いてくださった。
『無量寿経』の教えをひもとき、真の仏意を明らかにし、
横さまに救われる横超《おうちょう》の大誓願を、闇夜を照らす燈台《とうだい》の光のように照らし出してみよう。
人々は本願の力によってのみ救われるのだから、
一心に帰命しなければならない。
海のような功徳に満ちた名号に帰依すれば、
必ず浄土に往生し仏にしていただく身となる。
穢《けが》れなき蓮華《れんげ》の咲く浄土に生まれることができれば、

たちまちに悟りを開かせていただける。
そしてふたたびこの煩悩の世界に帰り、何事も自由自在になし得る力によって、
苦しむ人々を自由に救うのだ、と。
曇鸞大師《どんらんだいし》は、梁《りょう》の天子《てんし》・*3武帝《ぶてい》が
常に大師のおられるところに向かって菩薩として礼拝されたという方である。
大師は、*4菩提流支三蔵《ぼだいるしさんぞう》に出会い『観無量寿経』を授けられると、
修めておられた長寿を求める*5仙経《せんぎょう》を焼き捨て、浄土の教えに帰依された。
天親菩薩の書かれた『浄土論』の注釈書*6『浄土論註《じょうどろんちゅう》』をお書きになり、浄土に生まれる因も果も、すべて阿弥陀さまの誓願にあるということを明らかにされた。
浄土に往生する往相《おうそう》も浄土からこの世に還って人々を救う還相《げんそう》も、ともに他力により、その他力を信じる信心だけが浄土に往生する正しい原因となる。
迷い、煩悩に穢された凡夫であっても、ひとたびこの信心を起こせば、
*7生死《しょうじ》がそのまま涅槃であると悟らせていただける。
そして必ず無量の光明に溢《あふ》れた浄土に生まれさせていただき、
迷う人々すべてを教え導くことができるようになる、と教えてくださったのだ。

道綽禅師《どうしゃくぜんじ》は、聖道自力の教えによっては悟りを得られないときっぱり決着され、
浄土門他力に入るほかないと明示してくださった。
よろずの善行を修めようとする自力に価値を置かず、
すべての徳がまどかに備えられた名号だけを勧めてくださったのだ。
淳心《じゅんしん》・一心《いっしん》・相続心《そうぞくしん》の三信*8、その反対の三不信について心をこめて教え諭《さと》してくださり、
像法《ぞうほう》、末法《まっぽう》、さらには仏法が滅びる時代でも大悲《だいひ》により救われると教えてくださった。
一生の間、悪を犯し続ける私たちではあるけれど、この悲願《ひがん》に出会いさえすれば、
安養《あんにょう》の浄土に至ってすばらしい悟りをいただくであろう、とおっしゃってくださった。
善導《ぜんどう》大師は、当時の諸師の中にあってただ独り阿弥陀さまの真意を明らかにされた。
*9定善《じょうぜん》や散善《さんぜん》を修める自力の人々や、五逆《ごぎゃく》 *10十悪《じゅうあく》を犯す人々をあわれんで、
光明が母、名号が父となり、この因縁《いんねん》によって他力の信心が生まれると教えてくださった。
この真意を知って、智慧に満ちた本願の海に、川が海に流れ込むように熔けこめば、
阿弥陀さまは念仏を称える人に正しく金剛《こんごう》のように堅固な信心を授けてくださる。
喜んで一度でも念仏する人は、その心が阿弥陀さまの真意にかなうとき、
韋提希《いだいけ》のように三忍《さんにん》（信心を喜ぶ心・仏の智慧を悟る心・願力を信じる心）をいただき、

浄土に生まれ、ただちに永遠に続く涅槃の世界の楽しみをいただく、とおっしゃった。

源信和尚《げんしんかしょう》は、お釈迦さまが一生をかけて説いてくださった教えを学ばれた結果、

ひとえに浄土の教えに帰し、あらゆる人々に念仏を勧めてくださった。

また、専《もっぱ》ら念仏を称える者と、自力の行を雑《ま》じえる者の深浅《しんせん》を判別し、

前者は真の報土《ほうど》*11に生まれ、後者は化土《けど》に生まれると、正しく弁別してくださった。

さらに、極重の悪人は、ただ念仏だけを称えるべきだと説いてくださったが、同時に、

私も救いの中にいるのだが、

煩悩が私たちの心眼《しんがん》をさえぎり、阿弥陀さまを見えなくしてしまっても、

阿弥陀さまの慈悲《じひ》は休むことなく私たちを照らしてくださっているとも教えてくださった。

源空《げんくう》（法然上人《ほうねんしょうにん》）は、仏教を究《きわ》め尽した方であったが、

あらゆる凡夫を哀れんで、

浄土の真の教えをこの日本に起こし、

選び抜かれた本願の教えを悪世に広めてくださった。

生死流転の迷いの家に舞い戻ってしまうのは、

本願を疑うからにほかならない。

疑いのない涅槃*12寂静《じゃくじょう》の世界にすみやかに入るには、
信心あるのみであると教えられた。
こうして、経典の真意を教え広めてくださった*13大士《だいじ》や宗師《しゅうし》と呼ばれる高僧がたは、
はてしなく濁りに染まった、救われがたい私たちを救いに導いてくださっているのだ。
今を生きる人々よ、在家《ざいけ》、出家《しゅっけ》を問わず、共に心を合わせ、
この七高僧の教えを信じるべきである。
以上、六十行を書き終え、百二十句となった。

［語句］

＊1 歓喜地（念仏を称える者が、この世で仏になるべき身に定められることを喜ぶ境地）。

＊2『浄土論』（天親の著作。阿弥陀仏の浄土を讃嘆し、本願により浄土に往生することを願った書）。

＊3 武帝（四六四～五四九、中国・南朝の人。梁の初代皇帝となった。蕭衍《しょうえん》）。

＊4 菩提流支三蔵（北インドの人。魏《ぎ》の永平年中（五〇八～五一二）に洛陽《らくよう》に来て多くの経論を訳した。天親の『浄土論』も漢訳し、浄土教発展の素因を作った。三蔵とは経律論に通じた人のこと）。

＊5 仙経（道教の経典）。

＊6『浄土論註』（『往生論註』ともいう。曇鸞作。天親の『浄土論』の注釈書）

＊7 生死（前世の業《ごう》の結果として生死を繰り返すことをいい、迷いの意味も持つ。輪廻《りんね》ともいう）。

＊8 三信（淳心〈念仏者としての純朴な心〉、一心〈疑いのない心〉、相続心〈持続する心〉。三不信に対する語）。

＊9 定善や散善（心を凝らし雑念をはらうことが定善、悪を廃して善を修めることが散善）。

＊10 十悪（①生物を殺す、②盗む、③姦淫《かんいん》する、④嘘をつく、⑤二枚舌を使う、⑥悪い言葉を使う、⑦駄言を弄《ろう》する、⑧貪《むさぼ》る、⑨怒る、⑩邪見にふける）。

＊11 報土（他力の念仏に導かれて生まれる浄土を真実報土という。自力によって生まれようとする者に仮に開かれている浄土は方便化土《ほうべんけど》という）。

＊12 寂静（煩悩を離れ、苦しみを超えて真理に到達した状態）。

＊13 大士や宗師（大師は菩薩のこと、龍樹と天親を指す。宗師は真宗の祖師のこと、曇鸞以下の五祖を指す）。

［あらすじと解説］

「依釈分」といわれる正信偈後半部は、七高僧の教えが簡潔に述べられた上で、その徳が讃えられます。まず①インドの龍樹は難行道と易行道を説き、②天親は『浄土論』を著わし、本願の力によってのみ救われるのだから、一心に帰命しなければならないと説いたとします。次に③中国の曇鸞は『浄土論註』を著わし、往相の回向も還相の回向も他力によると説き、④道綽は自力の聖道門ではなく他力の浄土門に入れと説き、⑤善導は念仏往生こそが阿弥陀仏の本意にかなうことを明らかにした、と述べます。そして⑥日本の源信は、他力の専修念仏と自力の念仏の深浅を判別して生まれる浄土の違いを説き、⑦法然は阿弥陀仏が選び抜かれた本願念仏の教えを広めてくださった、と続きます。こうして七高僧の教えが、今を生きる人々に信じられることを、親鸞は切《せつ》に願うのです。

ここでは念仏の意味が深められる過程を、善導・法然・親鸞を取り上げ、見てみます。

善導は、一心に名号を称え続けることだけが浄土に往生する行為であるとしました。それこそが「仏願《ぶつがん》に順《じゅん》ずる」（『観経疏《かんぎょうしょ》』）からです。法然は死の直前に弟子の勢観房源智《せいかんぼうげんち》に与えた『一枚起請文《いちまいきしょうもん》』で、南無阿弥陀仏と申して必ず極楽浄土に往生できると思って申すほかない、でなければ「二尊（釈迦・弥陀）のあわれみにはずれ、本願にもれ候《そうろう》べし」と記しました。この「あわれみ」という言葉に注目すべきです。善導に比べ、弥陀の思いやりを、一層篤《あつ》く深く感じ取ろうとしていることがわかります。さらに親鸞は、阿弥陀仏への「帰命」は、「釈迦・弥陀の二尊の勅命にしたがう（『尊号真像銘文』）」ことだといいます。阿弥陀仏への帰命と念仏は、釈迦と弥陀がそうしなさいと心底から命じてくださる深い思いに応えることだというのです。こうして、念仏にこめられた阿弥陀仏の思いやりが三様に読み取られてきたように、信心やその他の教えも、それと共に深められてきたことを、親鸞はここで述べています。

七高僧の教え

天親（世親）
（4〜5世紀頃）
無碍光如来（阿弥陀仏）に帰依すると表明し、煩悩に苦しむ者こそが救われるという本願の意味を明らかにした

龍樹
（150〜250頃）
難行道は陸路の旅のように苦しいが、阿弥陀仏の船に乗せていただいて水上を行く易行道はやさしいと説いた

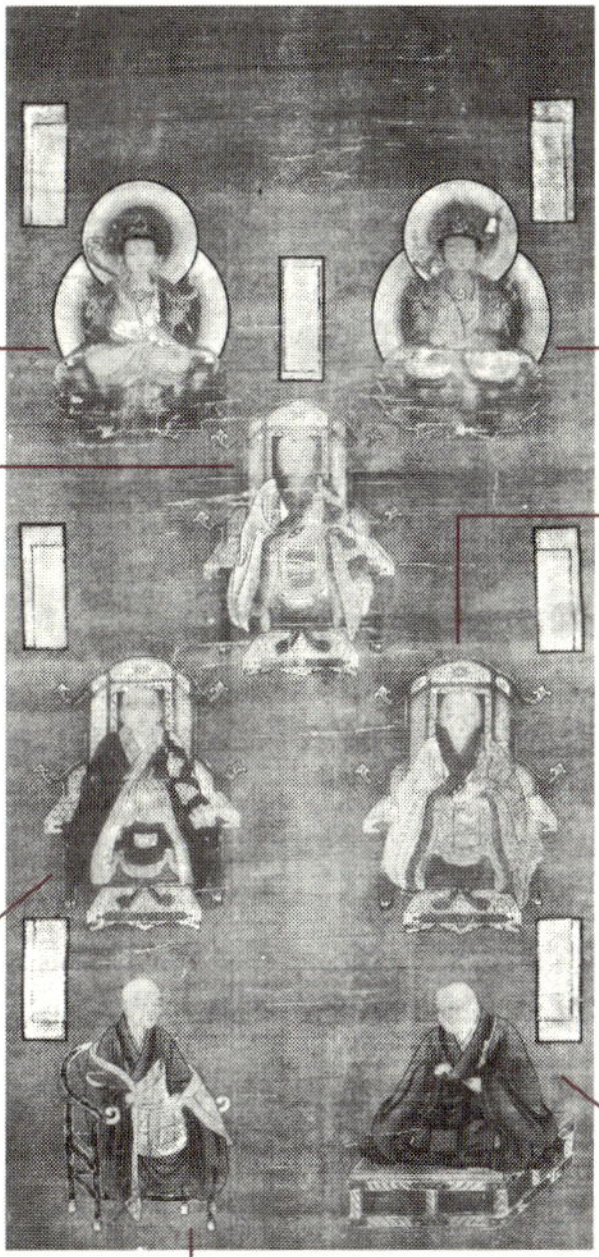

曇鸞
（476〜542）
浄土に生まれるのも、生まれてからこの迷いの世界の人々を導くのも、阿弥陀仏の力によると説いた

善導
（613〜681）
当時の僧の中にあって、ただ一人釈迦の真意を明らかにし、この悪世には念仏往生こそが仏の本意にかなうと説いた

道綽
（562〜645）
今や自力による聖道門では悟れない、他力による浄土門の教えだけがすべての人の救われる道だとし、念仏を勧めた

源信
（942〜1017）
専修念仏と雑念のまじる自力念仏の深浅を判定し、深浅によって生まれる真の浄土と方便の浄土の違いを説いた

源空（法然）
（1133〜1212）
浄土の真実の教えを日本におこし、阿弥陀仏が選びぬかれた本願念仏の教えを広めた。口で称える口称念仏を勧めた

信巻序

——親鸞が新しい信心を見出した理由とは

［現代語訳］

よくよく考えてみると、「信心を得る」ということは、私の力によるのではなく、阿弥陀さまが私のためにかけてくださっている願い（本願）をいただくことによって「信心が起こされる」ことをいう。そして本当の信心が芽生えてくるのは、真実の信心など到底持てないこの無能な私を哀れみ、何とかしてこの信心を得させようとさまざまな工夫をしてくださったお釈迦さまのお蔭《かげ》である。

ところが、後世の出家者も在家者も、さらには最近の諸宗《しょしゅう》の師までもが、この阿弥陀さまとお釈迦さまの思いやりに気づかず、「仏は本来人間の中に内在するものであり、浄土は人間の心の中にあるのだ」という*自性唯心《じしょうゆいしん》の説に落ちこんでしまっている。だから自分の心を磨くことが大切であるとし、浄土に生まれさせていただいてから真実の悟りをいただくという浄土の真実の悟りを、劣ったものとしてけなしているのである。

また浄土の教えに関心を持ったにしても、心を集中しなければならないとか、善行もしなければならないという自力の心に迷ってしまい、金剛石のように堅固な本当の信心に気づかずにいるのだ。

そこで私、愚禿釈の親鸞は、諸仏が勧めてくださった「浄土三部経《じょうどさんぶきょう》」の真実の教えを信じ、これについての論書を書いてくださったインドの龍樹・天親と、注釈書を書いてくださった中国の曇鸞・道綽・善導、日本の源信・法然の七高僧の書物をひもとき、学ばせていただいたのである。その結果、「浄土三部経」の広大な恩恵をいただき、とくに今まで信心は自分が起こすものだと思っていたのに、そうではなく阿弥陀さまからいただくものだという『浄土論』のすばらしい文に出会わせていただけたのだ。

ここに至るまでに、私もいろいろな疑問を持った。そこで、まず疑問点を提起し、その後に論証を試みるという形を取りたいと思う。なお、私は阿弥陀さまの思いやりに対する恩で心が一杯だから、人のあざけりを恥じたり恐れたりは絶対にしない。

浄土に生まれたいと願う方々、穢《けが》れた娑婆《しゃば》を離れたいと思う人々よ、この書を読み、正しいと思うところは取り、そうでないところは捨ててくださってよいけれど、阿弥陀さまの教えをそしる謗法の大罪《たいざい》だけは犯すことがないよう、くれぐれも注意していただきたい。

［語句］

＊自性唯心（人間の心は先天的に仏性をそなえており、仏は人間の中に内在する、また心の外に別に浄土があるのではなく、内にあるという見方）。

［あらすじと解説］

行巻では、おもに他力の念仏について解明されてきました。信巻の序文では、①本願によってはじめて真の信心が起こること。そして②信心をいただき浄土に生まれさせていただいてはじめて仏にしてもらうのであるが、仏は私たちの中に内在し、浄土も心の中にあるのだという自性唯心の説に落ちこんでいる人々が多いと述べる。また③浄土の教えに入っている人の中にも、浄土に生まれるために心を集中しなければならないとか善行もしなければならないと自力をたのむ人々が多い、と続ける。しかし④私は三部経や七高僧の教えを学び、信心は自分で起こすものではなく仏から起こしていただくものであることに気づかせていただいたと述べ、⑤ここに至るまでには自身もさまざまな疑問を感じてきたので、それを提起し、信心の真意を論証する形をとる。くれぐれ正しく信心を了解してほしい、と結んでいます。

自性唯心の立場と親鸞の立場

<自性唯心の立場>

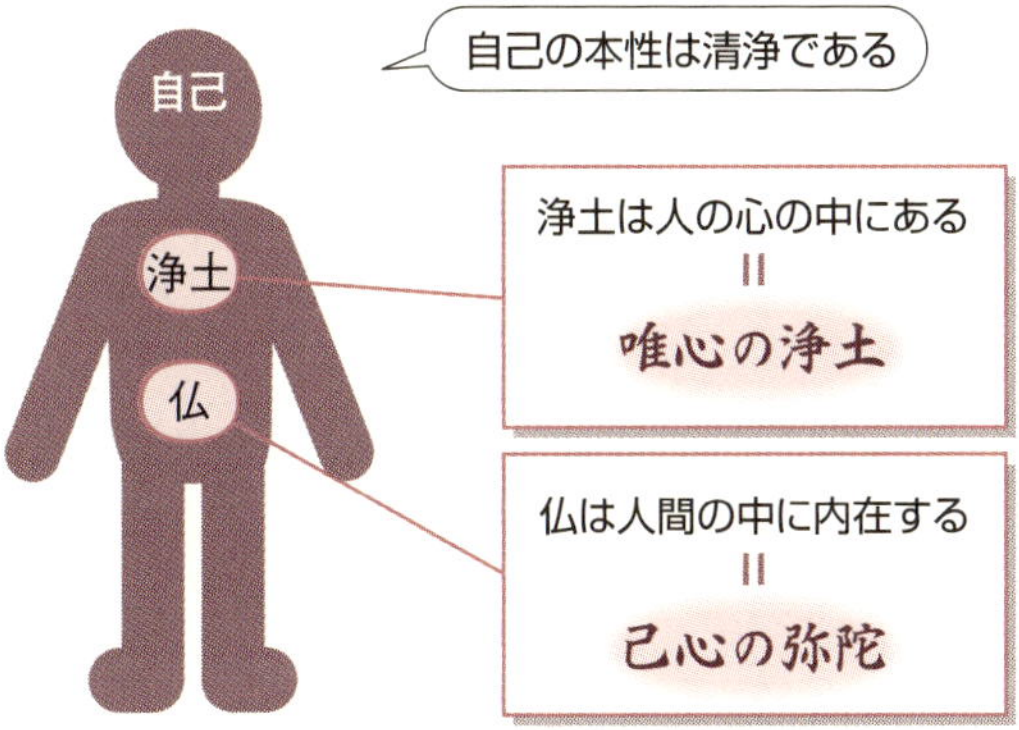
自己の本性は清浄である
自己
浄土
仏
浄土は人の心の中にある
＝
唯心の浄土
仏は人間の中に内在する
＝
己心の弥陀

<親鸞の立場>

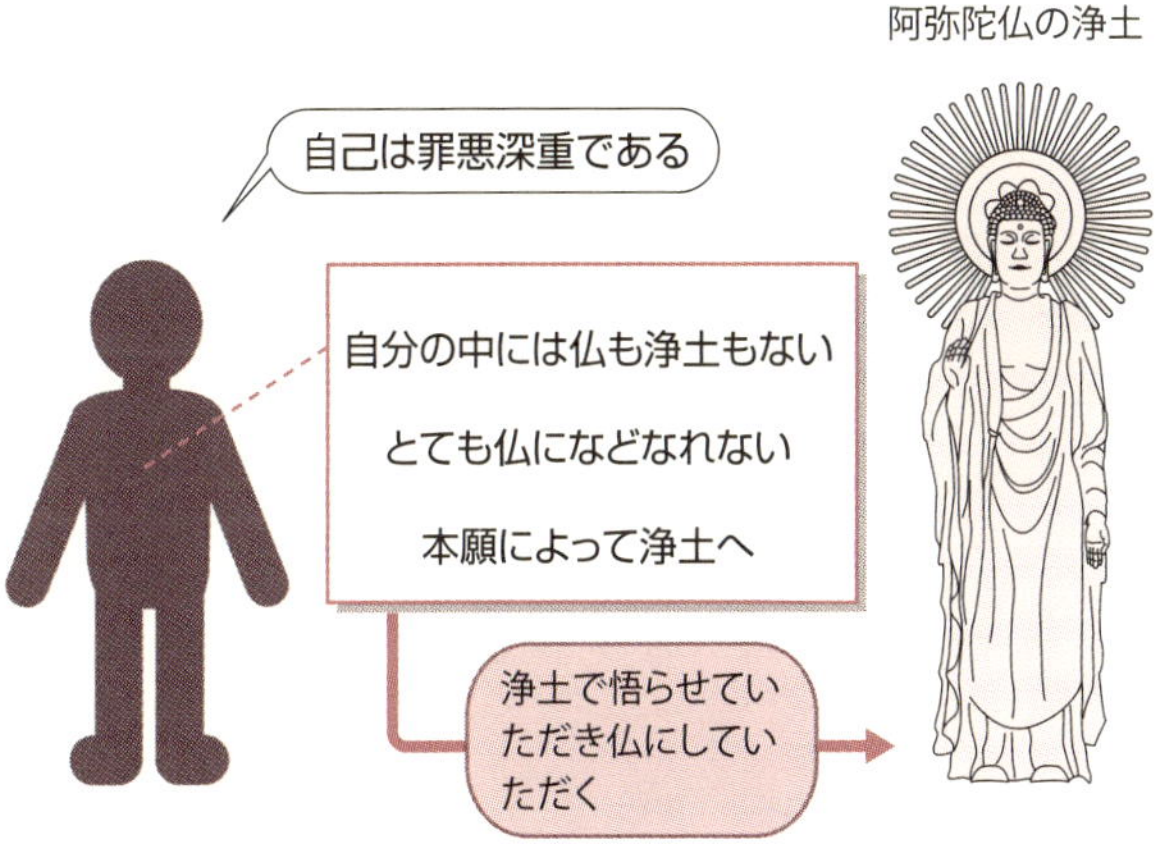
阿弥陀仏の浄土
自己は罪悪深重である
自分の中には仏も浄土もない
とても仏になどなれない
本願によって浄土へ
浄土で悟らせていただき仏にしていただく

では、親鸞が批判した自性唯心の立場と親鸞の立場を比較してみましょう。
大乗仏教には「一切《いっさい》衆生《しゅじょう》悉有《しつう》仏性《ぶっしょう》（心を持つものはすべて仏になる可能性〈仏性〉をもっており、すべてが悟りを開き得る）」という見方があります。これを「自己の本性は清浄であるから自分の心の外に仏とか浄土があるのではなく、自己の本性そのものが阿弥陀仏である」とし、自己の心を「己心《こしん》の弥陀」と解釈したり、自分の心を離れて別に浄土があると思うことを迷いと断じて「唯心《ゆいしん》の浄土」を主張したりする人々が、以前から、そして親鸞在世も多くいました。彼らは自力を頼りに、自分の心を磨くことを主眼とし、他力に救いを求める見方を卑《いや》しめていたのです。

これに対して親鸞は、人間のありのままの姿を見れば、人間の心を磨くことなど到底できないと言い切ります。比叡山で二十年間修行したにもかかわらず、愛欲の広海に沈没《ちんもつ》し、名利《みょうり》の太山《たいせん》に迷う姿しか見えなかった自分の本性が清浄であるとは、とても感じられなかったのです。この挫折によって、阿弥陀仏の本願を信じるほかないということに気づかされ、さらにその信心すら自分には起こせず、阿弥陀仏に起こしていただくほかないと知ったのです。この親鸞特有の信心の意味を問答形式で問いただしていくのがこの信巻であり、心して読んでほしいというのが親鸞の願いなのです。

第四章
『教行信証』を読み解く

信巻1

——信心は阿弥陀さまからいただくもの

［現代語訳］

つつしんで、阿弥陀さまが私たちのために考えてくださった浄土に生まれる方法（往相回向）について考えさせていただくと、*1大信《だいしん》すなわち大信心に思い至る。

大信心とは、生死をこえて永遠の命をいただく、凡人の思考のおよばない方法であり、なおかつ浄土に生まれることを願い、穢土《えど》にいることをいとわせてくださるありがたい働きである。さらには阿弥陀さまが選びに選んで与えてくださった阿弥陀さまご自身のまことの心であり、世の中の人々を救う深く広い信心のことをいう。

またこの信心とは、金剛石のように堅く壊れることのない真実の信心であり、他力によれば浄土に生まれやすいのにそうできない人々こそを救おうとされる、煩悩に汚れた凡夫にはない浄らかな心である。

また信心とは、阿弥陀さまご自身の心の光によって救いとり護ろうとしてくださる心であり、まことに稀《まれ》で、何よりもすぐれた大信心をさす。これは世間一般の常識的な信心にはわからない、浄土に生まれさせていただく近道となる信心なのだ。

さらに信心は仏の悟りを開かせていただくための真の原因となり、すみやかに、しかも完全にすべての功徳が溶けこんでいる救いに導いてくださる浄らかな道であり、真理そのものでもあり、海のように広大で深い絶対不二《ふじ》の真実に満たされている。

これは、阿弥陀さまが法蔵菩薩のときに誓ってくださった第十八願、すなわち「念仏往《ねんぶつおう》生《じょう》の願」から生まれたものである。

この偉大な本願は救われがたい私たちを救うために、選びに選んでくださったものであることから「選択本願《せんじゃくほんがん》」と名づけられる。また至心《ししん》・信楽《しんぎょう》（信じる）・欲生《よくしょう》（浄土に生まれたいと欲する）の三つの心をおこせと願ってくださっていることから、「本願三心《さんしん》の願」と名づけられ、「至心信楽の願」とも名づけられている。さらに救われがたい私たちが浄土に往生させていただけるのだから、「往相信心《おうそうしんじん》の願」とも名づけられる。

だから、常に生死の海に沈み*2流転輪廻《るてんりんね》を繰り返してばかりいる私たちにとって、浄土に生まれさせていただき、悟りを得ることは、阿弥陀さまの恵みによることであるから、困難なことではなくなる。しかしじつはそれ以前の真実の信心を得るということが非常にむずかしいのだ。

なぜか。それは、この信心は自分で作り出すのではなく、阿弥陀さまの働きによって一方的に与えられるのであり、私たちにはわからないほど深い慈悲と智恵によって開き起こされるものである。ところが自分で何かをしようとしがちな私たちにとっては、かえってこのことがわからず、素直にその信心をいただくことがむずかしくなってしまうからだ。

しかし、たまたま阿弥陀さまのはからいを受け、この浄らかな信心をいただくならば、迷いにとらわれることもなく、偽りの生活から離れられるようになる。これによって、自分の力ではどうしようもない罪深い私たちも、大きな喜びをいただき、諸仏も尊んでくださり、護ってくださることになるのである。

〔語句〕
＊1 大信（大いなる信心。自分のはからいで持つ信心ではなく、仏のほうから用意され与えられる信心）。
＊2 流転輪廻（車輪が回転するように生死を繰り返し、迷いの世界を歩むこと）。

［あらすじと解説］

まず①往相回向について考えると、大信という信心があると指摘され、②大信心とは阿弥陀仏ご自身の心であって、われわれ凡夫にはない心であり、③四十八願の中の第十八願から生まれる信心であるとされます。④信心は阿弥陀仏から与えられるものであるので、何でも自分でしたがる（自力《じりき》）傾向にあるわれわれには、かえって素直にいただくのがむずかしい。⑤しかし、たまたまこれを得れば、大きな喜びをいただくだろうというのです。

では、親鸞のいう「大信」とか「大信心」とは、従来の伝統仏教でいう「信心」とどのように違うのでしょうか。この点を簡単に解説してみましょう。

まず従来の「信心」についてです。たとえば『華厳経《けごんきょう》』という経典には、「信は道の元、功徳の母となす」という記述があります。信心を起こすことは仏道に入る第一歩であり、仏の教えを信じることから仏道修行がはじまるという意味でした。また仏教には「信解《しんげ》行証《ぎょうしょう》」という言葉があります。まず仏の教えを信じて仏道の門に入り、これを理解し了解してはじめて行を修《しゅ》し、証《しょう》（悟り）を得るというのです。この場合の信は、あくまでも行証に至るために仏法を信じ、それを正しく理解するという意味での信であり、信じたのちになさねばならない解、行、証のための信です。

伝統仏教の信と親鸞の大信

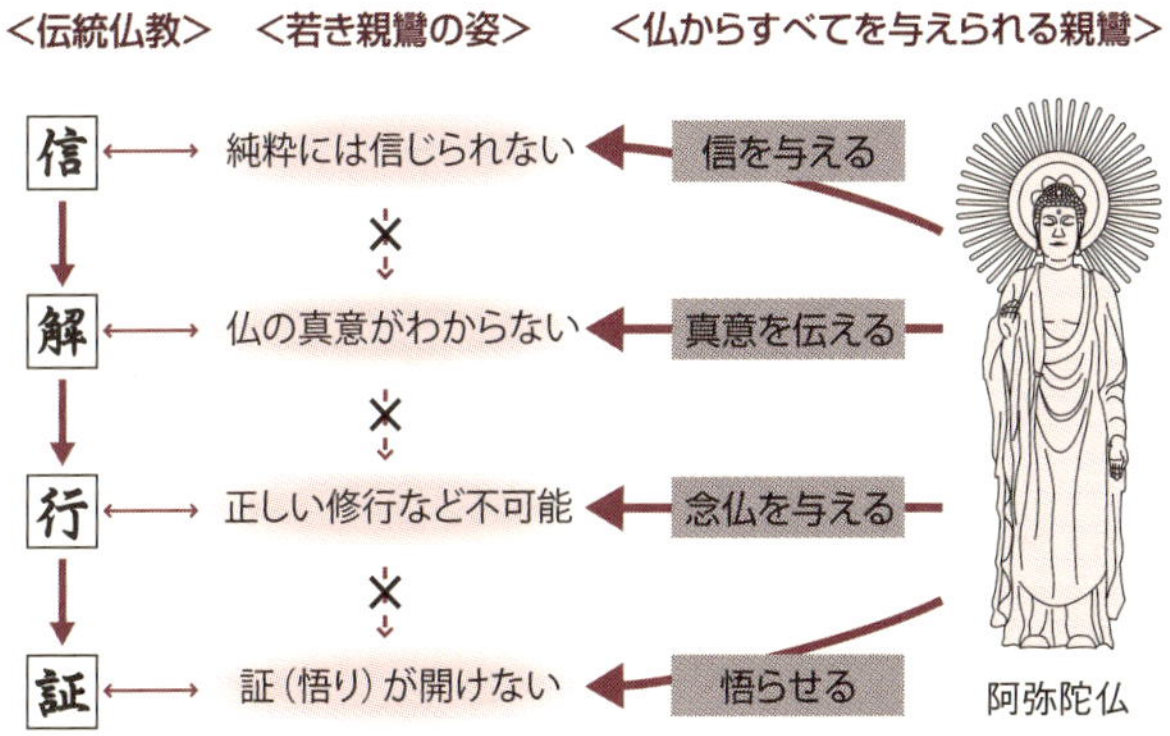
<伝統仏教>
<若き親鸞の姿>
<仏からすべてを与えられる親鸞>
信
解
行
証
純粋には信じられない
仏の真意がわからない
正しい修行など不可能
証（悟り）が開けない
信を与える
真意を伝える
念仏を与える
悟らせる
阿弥陀仏

ところが親鸞は、「涅槃の真因はただ信心をもってす」というのです。涅槃を悟る（証）真の原因は、ただ信心によるという意味です。悟りの真の根拠は解でもなく行でもなく信心を持つことだけだというのです。

彼がそういうのは、信じることも、理解することも、行をすることも自分にはできないという自覚と挫折があったからです。挫折によって仏の真意を聞き抜いた親鸞は、その信も解も行も自分のために仏が用意してくださっていると気づきます。念仏がそうであったように、信もまた、仏みずからが親鸞を信じている心に由来するのです。この信こそが不完全な信を超えた大信であり、これによって仏の悟りに導かれるというのです。

信巻2

——三心は一心である——字訓釈——

［現代語訳］

以上のことから明らかなように、お念仏を称える行も、本願を信じる信心も、一つとして阿弥陀さまの清らかな願いによって与えられないものはなく、それによって成就されないものはないのである。つまり阿弥陀さまの願い以外に根拠となるものはないのだ。このことをよく思い知らねばならない。

ではここで問題を提起してみる。

阿弥陀さまは第十八願の中で、「心を至し信楽して我が国に生まれんと欲《おも》うて、……」とおっしゃってくださり、至心・信楽・欲生の三心こそが大切だとすすめてくださった。それなのに、『浄土論』を書いてくださった論主《ろんじゅ》天親は、なぜこの三つの心を「*一心《いっしん》」などとおっしゃったのだろうか。

その答えとして、次のようにいえるであろう。

阿弥陀さまは、愚鈍な人々にもよく理解できるように三つの心をおこすようにとおっしゃってくださったのだが、仏の悟りをいただく真の原因はただ信心だけである。よって論主天親は三心を合わせて一心とされたのだろう。

私なりに三心の字の意味をうかがってみると、三心を一心になさった理由がわかる。まず「至心」についていえば、至心の「至」には真《しん》という意味、実《じつ》という意味、誠《じょう》という意味がある。また、「心」には種《しゅ》という意味、実という意味がある。

次に「信楽」についていえば、信楽の「信」にも真という意味、実という意味、誠という意味、満《まん》という意味、極《ごく》という意味、成《じょう》という意味、用《ゆう》という意味、重《じゅう》という意味、審《しん》という意味、験《けん》という意味、宣《せん》という意味、忠《ちゅう》という意味がある。また「楽」には欲《よく》という意味、願《がん》という意味、愛《あい》という意味、悦《えつ》という意味、歓《かん》という意味、喜《き》という意味、賀《が》という意味、慶《けい》という意味がある。

次に「欲生」についていえば、欲生の「欲」には願という意味、楽《ぎょう》という意味、覚《かく》という意味、知《ち》という意味がある。また「生」には成という意味、作《さ》という意味、為《い》という意味、興《こう》という意味がある。

以上のことから次のことが明らかになる。「至心」とは、真実誠種《しんじつじょうしゅ》の心《しん》であるから、疑いの心が雑《ま》じるはずがない。また「信楽」とは、真実誠満の心、極成用重《ごくじょうゆうじゅう》の心、審験宣《しんけんせん》忠《ちゅう》の心、欲願愛悦《よくがんあいえつ》の心、歓喜賀慶《かんぎがけい》の心であるから、疑いの心が雑じるはずがない。また「欲生」とは、願楽覚知《がんぎょうかくち》の心、成作為興《じょうさいこう》の心、大悲回向《だいひえこう》の心であるから、疑いの心が雑じるはずがない。

今、文字によって三心の意味を考えてみると、「真実の心にして嘘偽りが雑じることなく、正直な心であって邪《よこしま》な心が雑じることがない」という意味となる。

こうして真の意味を知らせていただいた。疑いの心が雑じらないからこそ、これを「信楽」と名づけるのだ。そしてこの「信楽」が「一心」であり、「一心」こそが真実の信心にほかならない。だからこそ、論主天親は『浄土論』の冒頭で「一心」とおっしゃってくださったのである。このことをよく知らねばならない。

［語句］

＊一心（天親は著書『浄土論』の最初に「世尊《せそん》、我れ一心に尽十方無礙光如来《じんじっぽうむげこうにょらい》に帰命し、安楽国《あんらくこく》に生ぜんことを願う」と述べている。この文中の「一心」のこと）。

［あらすじと解説］

ここでは前に述べたことを受け、①念仏も信心も阿弥陀仏によって与えられていることを確認した上で、親鸞は次のような問題を提起します。②すでに第十八願の中で至心・信楽・欲生の三つの心（三心）が勧められているのに、なぜあえて天親は『浄土論』の冒頭に「一心」などとおっしゃったのか、と問うのです。それに答える形で（この問答は「三一問答《さんいちもんどう》」といわれていますが）、③彼は三心の字が本来どんな意味を持っているかを当時あった辞書などを用いながら徹底的に分析します。「字訓釈《じくんじゃく》」というこの分析によって、④結局三つの心は「信楽」の一心に帰一《きいつ》する。⑤だから天親は「一心」とおっしゃったのだと答え、このことをよく知るようにと注意をうながします。

ではここで、字訓釈の内容をたどり、なぜ一心に帰一するのかを解説してみます。

まず親鸞は、「至心」を「至」と「心」に分け、「至」には真・実・誠の意味があり、「心」には種・実の意味があるとします。次に「信楽」を「信」と「楽」に分け、「信」には、真・実・誠・満・極・成・用・重・審・験・宣・忠の意味があり、「楽」には欲・願・愛・悦・歓・喜・賀・慶の意味があるとします。さらに「欲生」を「欲」と「生」に分け、「欲」には願・楽・覚・知の意味があり、「生」には成・作・為・興の意味があると指摘します。

三心の字訓釈

至心	至	真・実・誠	真実誠種の心 （まことのもと〈種〉になる心）
	心	種・実	
信楽	信	真・実・誠・満・極・成・用・重・審・験・宣・忠	真実誠満の心（まことが満ちている心） 極成用重の心 （疑いなくまことを用い敬う心） 審験宣忠の心 （審らかに仰せをかしこむ心）
	楽	欲・願・愛・悦・歓・喜・賀・慶	欲願愛悦の心（願いに親しむ心） 歓喜賀慶の心（喜びにおどる心）
欲生	欲	願・楽・覚・知	願楽覚知の心 （願いに目覚める心）
	生	成・作・為・興	成作為興の心 （仏になり慈悲をおこす心）

↓

三心のすべてが疑いの雑じらない心である

↓

疑いが雑じらないから三心は一心に帰一する

そしてそれぞれの字を結合し、「至心」とは「まことのもと（種）になる心」であるから疑いは雑じらない。「信楽」とは「まことが満ちている心」、「疑いなくまことを用《もち》い敬《うやま》う心」、「審《つまび》らかに仰《おお》せをかしこむ心」、「願いに親しむ心」、「喜びにおどる心」であるから疑いは雑じらない。「欲生」とは「願いに目覚める心」、「仏になり慈悲をおこす心」であり、阿弥陀さまから与えられる心であるから疑いは雑じらない、と説いています。つまりこれらの心には、疑いというものが雑じらないから一つなのであり、一心といえるというのです。

上に表であらわしてみましたので、参考にしてください。

第四章
『教行信証』を読み解く

信巻3
――三心は一心である―仏意釈―

［現代語訳］

さらに問題を提起してみる。

論主天親が三心を一心としてくださった理由は、字訓によってわかった。しかし阿弥陀さまが愚《おろ》かな衆生《しゅじょう》のために簡単に一心とせず、わざわざ三心として誓ってくださったことは、どのように考えるべきであろうか。

阿弥陀さまのお心は深遠《しんえん》であるから、私のような者には到底その真意をうかがうことはできないが、今、ひそかに推察させていただくと、次のように考えざるを得ない。

すべての人間は、はるか昔から今のこの時に至るまで、穢れきった存在であり、少しも清らかな心などは持ててはいない。また、嘘偽りとへつらいの心ばかりで、真実の心などまったく持ち合わせていない。そこで阿弥陀さまは、苦悩に満ちたすべての人々を憐《あわ》れみ、とてつもなく長い歳月をかけて菩薩の行をしてくださったのだが、この時には、身《しん》・口《く》・

意《い》による三業《さんごう》すべてにおいて、一瞬一刹那《せつな》の間も清浄であられないことはなかったし、真心によられないことはなかった。清らかな真心によって、欠けるところも妨《さまた》げるものもなくまどかで、凡人にはとても思いおよばない、口や筆でも表現できないような至上の功徳を成就してくださったのである。

この至心つまり真心により成就してくださった功徳を、煩悩・悪業に満ち、邪《よこし》まな智恵に振りまわされている愚鈍な私たちに施してくださったのだ。至心は、阿弥陀さまがひたすら私たちを救おうとしてくださる真心のあらわれである。だから疑いなどは雑じっていない。この至心は最高の徳にみちた尊い名号、「南無阿弥陀仏*」を体としているのである。

〔語句〕

＊「南無阿弥陀仏」を体としている（阿弥陀仏の真心である至心は、単独で働くものではなく、「南無阿弥陀仏」と称えよという名号と一体になって働きかけてくださっているという意味）。

〔あらすじと解説〕

天親が三心を一心にした理由を字訓から明らかにした親鸞は、次に、ではなぜ阿弥陀仏はわざわざ三心となさったのかと仏の意志を問い、推察します。①真実の心などまったくない私たちのために、②阿弥陀仏は私たちと同じ人間の立場に立って修行してくださり、③至上の功徳を成就してくださって、④私たち愚鈍な者に施してくださった。⑤仏のこの真心こそが至心であり、⑥この心には疑いなどまったくない。⑦その心は「私の名を呼びなさい」という名号と一体になって私たちに届けられている、と。

さて親鸞のこのような見方について考えてみますと、一般的な次元からすれば異常とも思えるほど、人間の罪悪や虚偽《きょぎ》を問題にしています。しかも親鸞一人に限った話ではなく、一切の衆生すべてがそうだというのです。たとえば、原文にある「一切煩悩《いっさいぼんのう》・悪業《あくごう》・邪智《じゃち》の群生海《ぐんじょうかい》」という言葉はこのことをよくあらわしています。つまり、彼は一般の世界でいう善悪の判断基準で考えているのではないのです。

彼の人間観は、真如であり真理である仏の前での人間観であり、相対的な人間観ではなく絶対的な人間観です。だから比叡山でどんなに修行を積んでも納得できず、絶望するほかありませんでした。しかしこの絶望があったからこそ、真如であり真理そのものである如来が、あえて法蔵菩薩として人間の姿をとって現われるという真如の側からの働きかけに気づき、深い喜びと救いを感じ得たのです。

「至心」の真心に気づかせられる親鸞

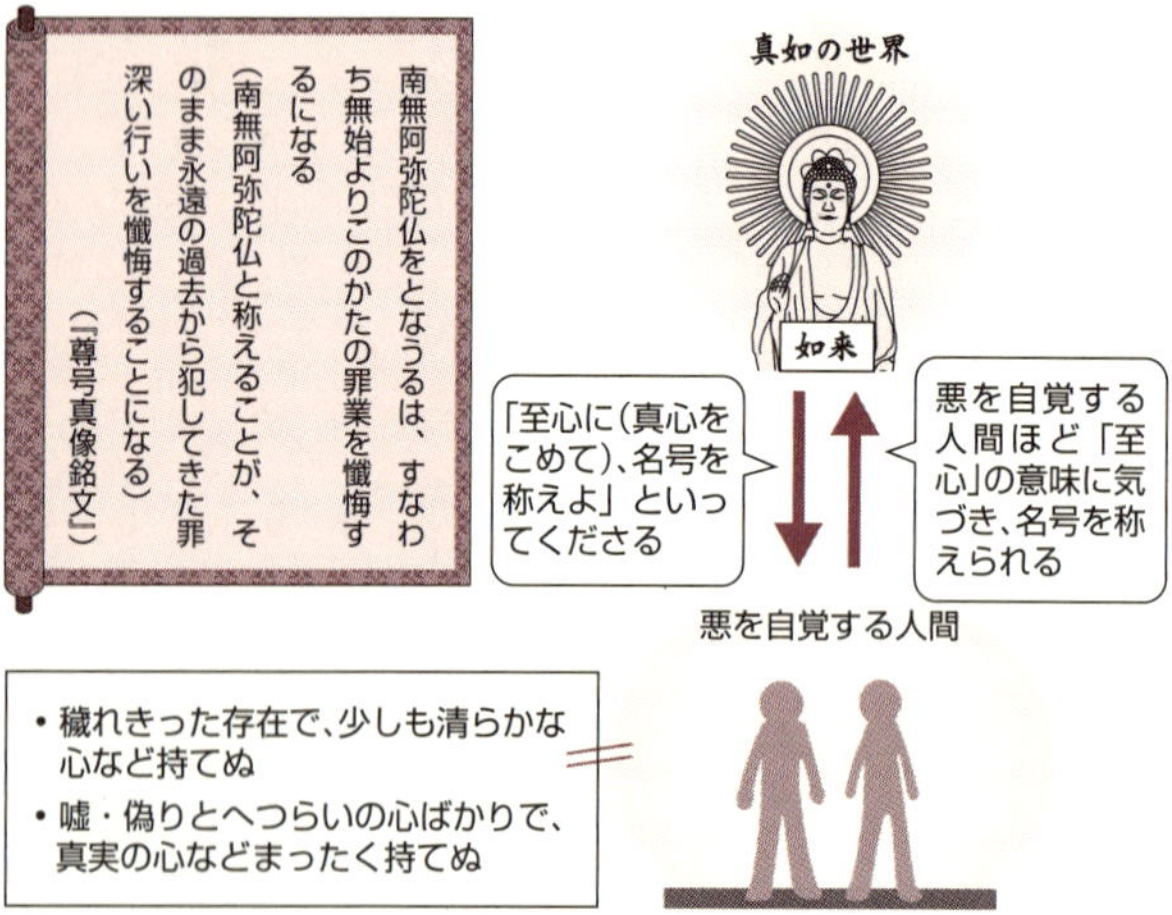
南無阿弥陀仏をとなうるは、すなわち無始よりこのかたの罪業を懺悔するになる
（南無阿弥陀仏と称えることが、そのまま永遠の過去から犯してきた罪深い行いを懺悔することになる）
（『尊号真像銘文』）
真如の世界
如来
「至心に（真心をこめて）、名号を称えよ」といってくださる
悪を自覚する人間ほど「至心」の意味に気づき、名号を称えられる
悪を自覚する人間
・穢れきった存在で、少しも清らかな心など持てぬ
・嘘・偽りとへつらいの心ばかりで、真実の心などまったく持てぬ

こうして親鸞はこの世界にいながら、真如の世界の声に耳を傾け、真如の働きにこめられた至心の真心を受けとり、真如の世界との対話がすべてだとしたのです。

彼はどんなに修行して高位《こうい》にのぼった僧よりも、どれほど権力を得た人間よりも、自己の罪悪性に気づいて懺悔《ざんげ》し、仏の真心に気づいた人間こそが正しいと考えました。「悪人《あくにん》正機《しょうき》（悪人こそが阿弥陀仏の真に救済したい人である）」はまさにこの見方です。

『教行信証』の後序で、親鸞が念仏を弾圧した僧たちを仏教の真意を見抜いていないと批判し、法然を罪に追いやった朝廷《ちょうてい》を仏法に背いたと非難するのも、この点が理由になっているのです。

第四章
『教行信証』を読み解く

信巻4

——信楽は施し与えられている

［現代語訳］

次の「信楽」は、阿弥陀さまの大悲《だいひ》が満ち、どんなに深い煩悩にも溶けこんでくださる、阿弥陀さまご自身が人々を信じてくださる心である。阿弥陀さまご自身の信心であるから、疑いの心や猜疑心《さいぎしん》などは雑じっていない。だからこそ、「信楽」と名づけ、すべての人を救いとろうとしてくださる阿弥陀さまの至心を体としているのだ。

しかしながら人々はというと、遠い過去から今に至るまで、無知の海にただよい、迷いの世界に沈み、苦しみに縛られ、浄らかな信楽を起こすことなどできなかった。当然ながら、真実の信楽を持つこともできなかったのだ。だから無上の功徳に遇うことはむずかしく、最もすぐれた浄らかな信を得ることもできなかったのである。

私たち凡夫は皆、貪欲《とんよく》な心によって常に善心を汚し、怒り憎む心によって仏さまが残してくださった教えの宝を焼いてしまう。髪の毛に火がつき、急いでその火をふり払おうとするように焦《あせ》って善行に励んでみても、しょせん「毒の雑じった自力の善」に過ぎず、「嘘・偽りの行為」にしかならないのだ。これでは「真実の行為」などとはとてもいえない。だから、このような嘘・偽りにみちた善行を積んで浄土に生まれたいと願っても、それは絶対に不可能である。なぜかというと、阿弥陀さまの浄土とは、菩薩《ぼさつ》の行をしてくださったとき、身・口・意（人間の行為のすべてを身体の働きの身・言語活動の口・意志作用の意に分類したもの）の業の中に、ほんの一瞬も疑いの心を雑じえることなく完成してくださった浄土であるからだ。この信楽の心は、私たちを救わずにはいられないという阿弥陀さまの大悲の心から出ているのだから、自分の行為にはこだわらずに、素直にこの心をいただけば、必ず浄土に生まれる正しい原因となるのである。今も阿弥陀さまは、こうして苦悩する私たちを憐れんでくださり、功徳に満ち満ちた「信じる心」を私たちに施《ほどこ》し与えてくださっているのだ。このような信じる心を、他力の本当の信心という意味で「利他《りた》真実《しんじつ》の信心」という。

［語句］

＊利他真実の信心（利他は他を利すること、他力。ここでは後者、したがって他力の真実信心）。

［あらすじと解説］

三心の「至心」に続いて、ここでは「信楽」について阿弥陀仏の真意がたずねられます。まず①信楽とは、人が仏を信じるのではなく、仏ご自身が人々を信じてくださる心であり、②だからこそ疑いの心はまじっておらず、③仏の真心である至心と一体になった、仏からいただく心であるといいます。ところが④私たちは迷いの海に沈み、純粋に信じることができず、⑤何かをしなければと思っても、しょせん嘘・偽りの行ないにしかならず、⑥浄土に生まれることもできない、と説きます。⑦だから肝心なことは、自分の行為にこだわることなく、この仏の心を素直にいただくことだ。⑧信心は施し与えられるものである、というのです。

ところで右の文中に、「髪の毛に火がつき、急いでその火をふり払おうとするように」と私が訳した表現があります。これは仏教でよく使われる表現ですが、親鸞と同じ年に生まれた華厳宗中興《けごんしゅうちゅうこう》の祖・明恵《みょうえ》（高弁《こうべん》ともいう、一一七三〜一二三二）が、法然の『選択本願念仏集』を批判した書『摧邪輪《ざいじゃりん》』で、次のように述べています。

「哀《あわれ》なるかなや、悲しきかなや。日月矢のごとくに走ってわが短命を奪ふ。まさに頭燃《ずねん》を救って解脱《げだつ》を求むべし」。頭燃を「救う」とか「払う」というのは、髪の毛についた火を

親鸞の立場と明恵の立場

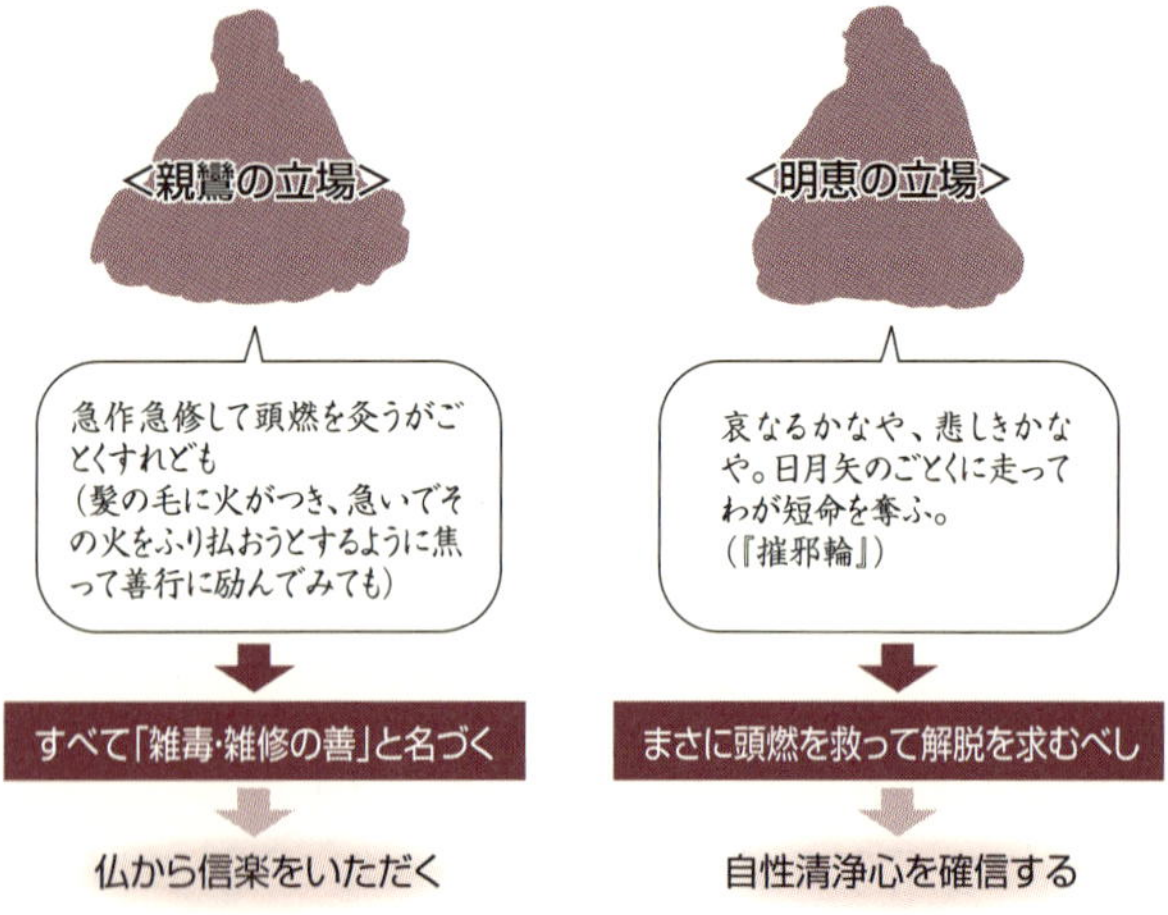

<親鸞の立場>
急作急修して頭燃を灸うがごとくすれども
(髪の毛に火がつき、急いでその火をふり払おうとするように焦って善行に励んでみても)
すべて「雑毒・雑修の善」と名づく
仏から信楽をいただく
<明恵の立場>
哀なるかなや、悲しきかなや。日月矢のごとくに走ってわが短命を奪ふ。
(『摧邪輪』)
まさに頭燃を救って解脱を求むべし
自性清浄心を確信する

払い落とすように必死に修行するという意味ですが、親鸞はそれは雑毒雑修《ぞうどくざっしゅ》の善にしかならないといい、明恵はそれほどに日月を惜しみ、修行して解脱を求めるべしというのです。ここに両者の関心の相違と仏教の持つ二つのあり方があります。

明恵が人間の自性清浄心を確信すれば解脱を得られるという立場に立っているのに対し、親鸞は自性が清浄であるとは信じられず、どんなに修行しても偽りの行になってしまうと考えました。信じるという行為においても、自分の中に煩悩に犯された心を見てしまい、信じることすら不可能であると考えたのです。「信楽」は施し与えられるものであるという見方の裏にはこの思いがあったのです。

第四章
『教行信証』を読み解く

信巻5
——欲生心も施し与えられている

［現代語訳］

次に「欲生《よくしょう》」は、阿弥陀さまがすべての人々に私の浄土に生まれたいと欲《おも》いなさい、と招き呼んでおられる声である。だから至心が信楽の体となっていたように、この欲生は真実の信楽を体とするのだ。まことにこの欲生は、大乗や小乗の凡夫や聖者が心を集中させ、あるいは心を動揺させたまま自力で行なう善を回向《えこう》することとはまったくちがう。浄土に生まれたいと思いなさいと阿弥陀さまのほうから呼びかけてくださっているのだから、こちらからするような回向ではない。だから「不回向」と名づけるのだ。

あらゆる世界の生あるものは、煩悩の海にただよい、迷いの海に溺れてしまい、もはや真実の回向心も清浄な回向心も持てない。このために阿弥陀さまは苦悩する私たちすべてを哀れみ、菩薩の行をしてくださったとき、身・口・意の三業《さんごう》を行なう中でいつもひたすら私たちのためを思って回向する心を第一とし、大悲心を成就してくださったのである。

私たちを浄土に生まれさせたいという阿弥陀さまの欲生心を私たちに施し与えてくださったのである。つまり、欲生心は私たちがおこす心であるかのように言われるが、そうではなく、本当は阿弥陀さまが回向してくださっているのだ。この心は、こうして阿弥陀さまの大悲心に発するものであるから、少しも疑いの心は雑じっていないわけである。

［あらすじと解説］

至心、信楽に続いて、ここでは「欲生」について阿弥陀仏の真意がたずねられます。①欲生とは従来考えられてきたような、単に浄土に生まれたいと願うことではなく、阿弥陀仏自身が私の浄土に生まれたいと願いなさい、必ず生まれさせるからという呼びかけであり、②絶対的な信頼関係である信楽が根拠となっている。③これは自力によって善行に励み、その功徳を回向して浄土に生まれるなどということではないから「不回向」という。④私たちは煩悩にまみれているので回向心など持てず、自力では到底浄土に生まれられない。⑤だからこそ、阿弥陀仏の側から「生まれさせたい」「必ず生まれさせる」という心が与えられるのだ。⑥この心は仏から発せられているのであるから、まったく純粋であり、ただ素直にこれをいただくことだけが大切である、という内容です。

さて、一般的な立場に立てば、どう考えても浄土に生まれたいと願うのは人間側の思いなのですが、親鸞にはその思いを人間の側と仏の側の双方から同時に追究しようとする独特な発想があります。

従来仏教は、仏を理想とし手本とすることで修行者自身が仏に近づき、成っていくという考えでした。ところが親鸞は、その自分をどこまでもきびしく自省しつつ、同時に仏の真意を追究していくところがあり、それがこのような発想を生んだのだと考えられます。

親鸞は「にぐるをおわえとる」という表現を使うことがあります。「仏に背《そむ》き逃げて行く者を、仏は後から追いかけ、抱き取る」といった意味です。従来、仏に背く人間は仏法に逆らう者として排除されてきたのですが、親鸞はそのような者こそ救われねばならない、そしてそのような者を追いかけ抱き取るのが仏であるというのです。これは仏が、浄土に生まれようとしない者に生まれたくなる心を与えようと必死になってくださっているという考えです。それこそが阿弥陀仏の真意であるとする親鸞ならではの仏意釈といえます。

実際に、真宗の本尊《ほんぞん》阿弥陀仏像は坐像《ざぞう》ではなく立像《りゅうぞう》で、少し前に傾いた姿になっています。これは仏から離れていく者を少しでも早く追いかけ、救い取ろうとする仏自身の働きを象徴しているとされます。こうした中にも深い宗教的な思いがこめられているのです。

親鸞のいう「欲生」の意味

「欲生我国」というは、他力の至心信楽のこころをもって、安楽浄土にうまれんとおもえとなり。

＝

現代語訳（「欲生我国」とは、他力の「至心信楽」の心をもって安楽の浄土に生まれたいと思いなさい、ということである）

（『尊号真像銘文』）

浄土に生まれたいと思いなさい。必ず生まれさせる
逃げる者を追いかけ抱き留める

少し前に傾いた阿弥陀仏立像

じつはこのような思いは、ほかの宗教にも見られます。たとえばキリスト教のルターは、キリストが「私たちが救われるようにと（中略）私たちの苦悩にみちみちた生の中にまでご自身を低め、罪の罰を引き受けてくださった」といいます。神に背き逃げようとして罪を犯す人間の前にキリストが現われ、彼らを抱きとめて罪までを引き受けようとしてくださっているというのです。

仏や神の意志をどこまでも追究しようとする態度は、ときに一般的、常識的な発想をくつがえしてしまいます。親鸞においてもルターにおいても、まさに悪人・罪人こそが救われる対象であったのです（拙著『親鸞とルター』（早稲田大学出版部）参照）。

第四章
『教行信証』を読み解く

信巻6

――真実の信心は、必ず名号をともなう

［現代語訳］

これで真の意味を知ることができた。「至心」「信楽」「欲生」は、言葉としては異なるが、真に意味するところはただ一つだったのだ。なぜかというと、三つの心には疑いの心が雑じっていないからである。だからこれらを合わせて「真実の一心」といい、堅固で壊れることのない真の信心という意味で「金剛の真心」というのだ。また金剛の真心を「真実の信心」と名づける。真実の信心は、信じる心を阿弥陀さまからいただいたときに思わず名号が口をついて出てくるので、必ず「南無阿弥陀仏」の名号をそなえているのである。しかし名号には自力の名号のように、阿弥陀さまの願いを受け入れていない場合もあり、願力による真実の信心を必ずしもそなえているとはいえない。このため論主天親は、『浄土論』の初めに、あえて「我れ一心に」と述べられたのである。

また天親は「彼《か》の名義《みょうぎ》の如《ごと》く如実修行相応《にょじつしゅぎょうそうおう》せんと欲するが故《ゆえ》に（如彼名義欲如実修行

相応故)」、つまり阿弥陀さまが与えてくださった名号のいわれにふさわしく名号を称え、名号の根本にある阿弥陀さまの願いに応えさせていただきたいから、とも述べられたのだ。

およそ、阿弥陀さまの真実信心による働きについて考えてみると、身分の貴《き》・賤《せん》、出家《しゅっけ》・在家《ざいけ》の区別もなく、男・女、老・若の違いも問題にされず、また犯した罪の多少も問われず、さらに修行期間の長短も問題にされない。自分の行なう行や善とも関係がない。自力によってすみやかに悟るという教えでもなく、漸次《ぜんじ》に悟りに近づくという教えでもない。心をこらし集中して行なう行でもなく、普通の心で行なう行でもない。教えの通りにする観法[*1]でも、教えから離れた観法でもない。姿や形のあるものを観想《かんそう》[*2]するのでもなく、姿・形のないものを観想するのでもない。平生《へいぜい》から念仏しなければならないという平生に偏《かたよ》ったものでも、臨終のときだけ念仏すればよいという臨終に偏ったものでもない。念仏を多く称えねばならないというのでもなく、一度だけ念仏すればよいというものでもない。これはただ、凡夫のはからいを超え、口でも文字でも表現できない信心なのである。たとえば不死をもたらす霊薬とされる阿伽陀《あかだ》[*3]がすべての毒を滅ぼすように、阿弥陀さまが私たちの救いを願って与えてくださったこの信心の薬は、思い上がった自力の智恵の毒も、十悪や五逆《ごぎゃく》を犯すような愚かな者に巣食う毒も滅ぼしてくださるのだ。

［語句］

＊1 観法（意識を集中し、対象を心に思い描いてそれを直観的に認識しようとする行）。

＊2 観想（一つの対象に心を集中させ、深く観察すること。仏や浄土などの様相を想起する行）。

＊3 阿伽陀（サンスクリット語 agada。健康や不死をもたらす霊薬）。

［あらすじと解説］

この文は、二つの部分からなっています。前半は①これまでの三心を総括し、三心は一心といえる、②その理由は、字訓釈においても仏意釈においても阿弥陀仏の三心にはまったく疑いというものが雑じっていないからだ、③したがってこの三つを合わせて真実の一心といい、「真実の信心」などと名づける。④この信心をいただくとき、名号が口をついて出てくるから、信心は必ず名号をともなうといえるという内容です。後半には、阿弥陀仏の真実信心、つまり大信の働きについて考え、この働きは、⑤人々がするさまざまな区別を超えたものであるとし、⑥仏の働きはこれらをまったく超えた働きであるからだと述べ、⑦ちょうど霊薬があらゆる毒を滅ぼすように、この働きは私たちの毒をすべて滅ぼしてくださる、と述べています。

ところで前半の文中に信心をいただいたとき、名号が口をついて出てくると言いながら、逆に名号は必ずしも信心をそなえているとは限らないとも述べています。その場合の名号と信心は、具体的にどのような関係でしょうか。

よく、こんなに一生懸命念仏を称えているのに、少しも功徳がないという人がいます。しかしこの人の称える念仏は功徳を得るための念仏であり、仏の真心にうながされて称える念仏とはまったく違います。念仏を道具に使っているに過ぎず、だから天親も、仏の働きに応える念仏でなければならないといったのです。

真宗の念仏は感謝の念仏ともいわれていますが、仏の思いやりに気づかなければ、本当の念仏は出てこないし、出てきたとしても自力の念仏になってしまうのです。

次に後半の部分で、親鸞は貴賤《きせん》、僧俗《そうぞく》、男女の区別などをすべて捨ててしまいますが、彼の越後流罪時を考えてみましょう。彼は当地で恵信尼《えしんに》と結婚し、非僧非俗《ひそうひぞく》としての自分の立場を表明しました。従来の仏教では結婚など考えられない話であり、非僧非俗も論理的にいえば筋の通ることではありません。しかしそれらの区別は人間の常識的な判断によるのであって、阿弥陀仏の思いはまったく次元の異なる思いから出現しているのです。したがって親鸞が「人倫《じんりん》の嘲《あざけ》りを恥じず」と公言したのもこのような思いがあったからであり、しっかりと仏とともに生きる世界に足をつけていたからです。

念仏は、感謝して「ただほれぼれと」称えるもの

すべてよろずのことにつけて、往生には、かしこきおもいを具せずして、ただほれぼれと弥陀の御恩の深重なること、つねはおもいいだしまいらすべし。しかれば念仏ももうされそうろう

＝

現代語訳

（浄土に生まれさせていただくためには、どんな場合にもこざかしい思いを捨てて、ただほれぼれと阿弥陀さまのご恩の深く重いことを常に思い出させていただかねばなりません。そうすれば、念仏もおのずと称えることができるようになります）

（『歎異抄』）

恵信尼像

（龍谷大学蔵）

雪に埋もれた恵信尼の墓

（新潟県上越市）

信巻7
——真実の信心は、瞬間的に開き起こされるものである

［現代語訳］

真実の信心（信楽）について考えてみると、この信心には「一念《いちねん》」ということがある。「一念」という言葉は、阿弥陀さまによって信心が開き起こされる一瞬をあらわす。この瞬間、阿弥陀さまの心が私の上に現われ、自分の力ではとても気づけないような広大な喜びの心が開き起こされるのである。

［あらすじと解説］

ここでは①真実の信心には「一念」ということがあるとし、②一念とは、信心が開き起こされる瞬間であり、③その瞬間、広大な喜びがいただける、と述べられます。

ところで、私が「信心が開き起こされる」と訳した原文は「信楽開発《しんぎょうかいほつ》」という言葉です。信楽つまり信心が「開発」されるとは具体的にどのようなことでしょうか。

親鸞は『尊号真像銘文《そんごうしんぞうめいもん》』に、「一念喜愛心《いちねんきあいしん》は、一念慶喜《いちねんきょうき》の真実信心よくひらけ、かならず本願の実報土《じっぽうど》にうまるとしるべし」と述べています。一念喜愛心とは、一瞬にして深い喜びをいただける真実信心が開き起こされ、必ず真の浄土に生まれることだと知りなさい、ということです。つまり私が心を開くのではなく、信心が心を開くのです。こうして仏の信心が私たちの心に届き、信心が私たちの心を開き、私たちの心に信心を引き起こしてくださると親鸞はいいます。これに気づく、あるいは目覚めさせられるのは一瞬です。時間をかけて自分で考えるのではなく、目覚めさせられるのですから、瞬間的といえます。

母親が赤ん坊の幸せを願って愛情を注ぎ続けていますと、赤ん坊は必ずその愛に気づき、目覚めるものです。それに気づく瞬間、母と子は強い信頼関係で結ばれます。母親の心が子の心に届き、それによって子の心が開かれ、信頼の心が引き起こされるのです。そのときはじめて心の底から「お母さん」という言葉が発せられます。それが名号、つまり仏の名を呼ぶことであり、念仏に当たります。だから信心と念仏は一体でもあります。

しかし赤ん坊も成長するにしたがって煩悩に支配されるようになります。親子関係にさまざまな問題が生じるように、信心においても疑いがおこってきたりするのです。自力が頭をもたげてくることがあるのです。

第四章
『教行信証』を読み解く

信巻8 ——この世で十種の利益が得られる

［現代語訳］

ところで、『無量寿経』の「聞《もん》其《ご》名号《みょうごう》信心《しんじん》歓喜《かんぎ》乃至《ないし》一念《いちねん》」（その名号を聞きて、信心歓喜せんこと、乃至一念せん）という文に「聞」といわれているのは、阿弥陀さまが本願を起こし、念仏を与えてくださったそのいわれを聞き、疑わないことをいう。「信心」とは、阿弥陀さまが本願の力によって与えてくださっている信心である。また「歓喜」とは、信心をいただいて身も心も躍りあがるように喜ぶありさまを表現した言葉。「乃至」[*1]とは、多いのも少ないのも兼ねおさめる言葉だ。「一念」とは、信心が二心、つまり裏切ったりそむいたりすることのないものであるため、迷いなく阿弥陀さまだけを信じる信心のことをいうのである。また、「一心」ともいう。この一心こそが、浄土に生まれさせていただく真の原因となるのだ。

金剛石のように堅い信心をいただくと、自分の作った罪の報《むく》いとして堕《お》ちる、地獄《じごく》や餓《が》鬼《き》などの五つの世界、仏に会えず教えを聞けない畜生《ちくしょう》*2や辺地《へんじ》などの八つの世界を横さまに飛び超え、生きたままで、「十種の利益《りやく》」をいただけるようになる。十種の利益とは、一つに人の目には見えない*3諸天や諸神に護られる冥衆護持《みょうしゅごじ》の益《やく》、二つにはこの上ない徳が身にそなわる至徳具足《しとくぐそく》の益、三つには悪が転じられて善となる転悪成善《てんあくじょうぜん》の益、四つには諸仏に護られる諸仏護念《しょぶつごねん》の益、五つには諸仏に称讃《しょうさん》される諸仏称讃の益、六つには阿弥陀さまの光明に摂取され常に護られる心光常護《しんこうじょうご》の益、七つには心に多くの喜びがあふれてくる心多歓喜《しんたかんぎ》の益、八つには阿弥陀さまのご恩を知り、これに報いようとする思いが起こってくる知恩報徳《ちおんほうとく》の益、九つには阿弥陀さまの大悲を常に人のために実践できる常行大悲《じょうぎょうだいひ》の益。そして十には、浄土に生まれ仏になることが約束された人々の仲間に入れていただける入正定聚《にゅうしょうじょうじゅ》の益である。

［語句］

＊1 乃至（一般には中間を省略する意味で用いられる。数の大小、時の長短・前後などをおさめる）。

＊2 辺地（仏法を求めようとしない世界）。

＊3 諸天や諸神（四天王や梵天・帝釈天などの仏法を護る諸存在を指す）。

［あらすじと解説］

ここでは『無量寿経』の「聞其名号信心歓喜乃至一念」の文を取り上げ、①「聞」、②「信心」、③「歓喜」、④「乃至」、⑤「一念」の意味を問うことによって、信心の意味を明らかにします。そして信心を得ることによって、⑥苦しく辛い世界を一気に超え、⑦この世で十種の利益を得ることができる、と述べられます。

そこで、ここではこの世つまり現世で得られる「十種の利益」について解説してみたいのですが、まずこの現世利益ということについては、誤解が多いので注意しなければなりません。この利益には浅い意味と深い意味があります。

よく受験生は入試の前になると急に信心深くなり、寺や神社に合格祈願をしてまわったりしますが、試験が終わるとこれを忘れてしまい、合格すれば自分の実力で入ったと思い、不合格だと折角《せっかく》お賽銭《さいせん》を入れたのにご利益がなかったと神仏を恨んだりします。しかしこれでは、自分の欲望をかなえるためだけに神仏を利用しようとする、誤解された浅い意味での現世利益にすぎません。

親鸞は『高僧和讃』の中で、誤解された現世利益をきびしく非難しています。「仏号むねに修《しゅ》すれども　現世《げんぜ》をいのる行者《ぎょうじゃ》をば　これも雑修《ざっしゅ》となづけてぞ　千中無一《せんじゅうむいち》ときらわ

信心を得た人がいただく十種の利益

1	冥衆護持の益	人の目に見えない尊い存在に護られる利益
2	至徳具足の益	この上ない功徳が身にそなわる利益
3	転悪成善の益	悪に気づくことが他力による救いとなると喜べる利益
4	諸仏護念の益	阿弥陀仏以外の諸仏によっても護られるという利益
5	諸仏称讃の益	阿弥陀仏以外の諸仏によっても称讃されるという利益
6	心光常護の益	阿弥陀仏の光に照らされ、護られていると感じられる利益
7	心多歓喜の益	毎日の生活の中で多くの喜びがあふれ出てくる利益
8	知恩報徳の益	阿弥陀仏の恩に気づき、報いようとする思いがおこる利益
9	常行大悲の益	仏の深い慈悲を常に他人のために実践できるようになる利益
10	入正定聚の益	浄土に生まれ仏になることが約束された人の仲間になる利益

利益を得るために信じるのではなく、信じた結果得られる利益

るる」。念仏を大事に称えてみても、目先の利益だけを求め、念仏を道具にするような人は、真の念仏を称えているのではないのだから、千人の中の一人だって救われはしない、というのです。こうして欲望をかなえるために念仏を道具にすることを戒めます。

しかし、一方で「南無阿弥陀仏をとなうれば　この世の利益きわもなし（『浄土和讃』）」ともいっています。欲望にかられて念仏を称えるのではなく、仏の思いやりに感謝して念仏を称えるとき、おのずと念仏の徳をいただける、というのです。その徳から生まれるのが、上に図示した十種の利益です。

なお、図中の言葉は古いため、柔軟に解釈した方がよいと思われます。

信巻9

――真の仏弟子とは、金剛の信心をいただき念仏を称える人

［現代語訳］

「真の仏弟子」という言葉にある「真」は「偽」に対し、また「仮《け》」に対するものである。「弟子」とは、お釈迦さまやそのほかの仏さまのお弟子であるということだ。そして「真の仏弟子」とは、金剛の信心をいただき、喜んでお念仏を称えさせていただく人のことをいう。この他力の信と念仏の行によって、あらゆる段階を飛び超え、必ず悟りを開く者としていただくのだから、「真の仏弟子」というのである。

［あらすじと解説］

ここでは、「真の仏弟子」について述べられますが、①まず真の意味、②次に弟子の意味が明確にされ、③真の仏弟子とは、堅い信心をいただき、喜んで念仏を称えさせていただける人であると述べています。さらに④信心と念仏によって必ず悟りを開かせていただ

き、仏になると定められるのだから、「真の仏弟子」といえるというのです。

ところで、親鸞は『歎異抄《たんにしょう》』で「弟子一人《いちにん》ももたずそうろう（弟子など一人も持っていません）」と語っています。その理由として「そのゆえは、わがはからいにて、ひとに念仏をもうさせそうらわばこそ、弟子にてもそうらわめ。ひとえに弥陀の御《おん》もよおしにあずかって、念仏もうしそうろうひとを、わが弟子ともうすこと、きわめたる荒涼《こうりょう》のことなり」（私のはからいで人に念仏を称えさせるのであれば弟子であるともいえましょうが、阿弥陀さまの働きかけによって念仏を称えさせていただく人々を、弟子であるとはとてもいえません）といいます。信心も念仏も仏から与えられるのであれば、皆《みな》仏の弟子であって、師匠の入る余地などはありません。ただ同朋《どうぼう》・同行《どうぎょう》でしかないのです。

ちなみに他力の信心に徹し、本願寺教団を未曾有《みぞう》の大教団にした蓮如は、親鸞のこの態度を受け継ぎ、教団を同行の集団と考えました。蓮如の門弟空善《くうぜん》が蓮如の言行《げんこう》を記した『空善記』は、蓮如が「親鸞聖人は弟子ひとりももたず、皆同じ同行であるといっておられた」と常に語っていたと伝えています。このような親鸞の態度と蓮如の実践が人々の心をとらえ、大教団が形成される原因の一つになったのでしょう。親鸞はまた、四海《しかい》（世の中）の信心の人は皆兄弟であるともいっています。

信巻10

——恥ずべし、傷むべし

［現代語訳］

つくづく思い知らされる。悲しいかぎりだ。これまで真の仏弟子について述べてきたのに、この私、愚禿親鸞自身は、愛欲の広海に沈み、名誉欲や所有欲といった名利《みょうり》の深い山に迷いこんでしまっている。折角、浄土に生まれさせていただける仲間に入れてもらえたのに、喜びもしない。仏さまにしていただく悟りに近づいていることも、うれしいと思えない。恥ずべきことだ、傷《いた》むべきことだ。

［あらすじと解説］

親鸞は、①これまで真の仏弟子について述べ、信心も念仏もいただいて仏弟子にしていただいているのに、②私自身はというと、依然として煩悩にとらわれ続け、③これを喜ぶことができない。④まことに恥ずかしく、歎《なげ》かわしいことである、と告白します。

　このような親鸞のあり方は、一見、矛盾する態度のようにも思われます。救われているといいながら、実際は救われていないと歎いているように見えるからです。しかし、ここには何か独自なものがありそうです。

『正像末和讃《しょうぞうまつわさん》』をひもとくと、親鸞は「悪性《あくしょう》さらにやめがたし　こころは蛇蝎《じゃかつ》のごとくなり　修善《しゅぜん》も雑毒《ぞうどく》なるゆえに　虚仮《こけ》の行とぞなづけたる（悪に沈む私の本性はとどまるところがない、心は蛇やさそりのように貪欲《どんよく》な煩悩に犯され、善を修めようとしても毒が雑じり、嘘偽りの行になってしまう）」と歎いています。一般的な見地からすれば、救われようのない愚痴《ぐち》のように聞こえますが、注意すべきは、親鸞が阿弥陀仏の前でこのように告白し、反省し、懺悔しているという点です。阿弥陀仏と向き合い、対話しながら、徹底的に自分を反省しているのです。これは単なる〝反省〟ではありません。

　仏の前での徹底的な反省は苦しいことですが、それが、実は自分が救いの対象になっているという自覚となるのです。どうしようもない悪人であると自覚すればするほど、それゆえ救われているのだという深い喜びに気づかされていきます。救われ得ないと思うことが、そのまま救われていることになるのですから、矛盾にはなりません。このようなあり方は、きわめて宗教的な特徴を持っているといえます。

証巻1

——真の証(悟り)は、本願によって開かれる

［現代語訳］

つつしんで真実の証《しょう》（悟り）について明らかにさせていただくと、これは阿弥陀さまが与えてくださる他力の働きが欠けることなく満ち満ちた境地である。そしてこれは阿弥陀さまが悟られた境地と同じであって、この上ない悟りのきわまりであるといえる。単なる凡夫がどうしてこのような無上の悟りを開かせていただけるのかというと、四十八願中の*第十一願「必至滅度の願」に誓われているからである。第十一願は、大涅槃《だいねはん》を悟らせる願であるから、「証大涅槃の願」とも名づけられる。

だから、阿弥陀さまご自身が私たちに与えてくださった往相回向の心行すなわち浄土へ生まれさせようとしてくださる信心と念仏をいただければ、その瞬間に煩悩にしばられた凡夫、迷いの世界に住んで罪を犯し続ける愚かな人々であっても、必ず浄土に生まれさせていただく仲間の一人にしていただけるのだ。

　こうして必ず浄土に生まれさせていただく位につかせていただいたのだから、間違いなく仏の悟りを開かせていただける。悟りを開かせていただければ、永遠の楽しみをいただける。永遠の楽しみとは、あらゆる煩悩から解放された寂滅《じゃくめつ》の境地である。この寂滅の境地こそが無上の仏の悟りの境地なのだ。仏の悟りとは、人間のはからいを超え、色も形もない真理そのものに気づくことである。このような真理はありのままの姿でもある。ありのままの姿とは、あらゆる存在の本来の真実なあり方である。真実のあり方は、本来、存在の究極的な姿としての真理そのものでもあるのだ。そして、真理そのものは現われ方はさまざまであっても根本は一つであるから「一如《いちにょ》」というのである。

　阿弥陀さまは、一如からこの世界に姿を現してくださる。その際、修行して成仏した「報身《ほうじん》」、人々の前に現われてくださる「応身《おうじん》」、姿を変えてまで現われてくださる「化身《けしん》」といったさまざまな姿を私たちに示してくださるのである。

［語句］

＊第十一願（「たとい我、仏を得んに、国の中の人天、定聚に住し必ず滅度に至らずんば、正覚を取らじ（もし私が仏になるとしても、あらゆる人々が必ず浄土に生まれることが定められる正定聚と

なり、浄土で悟りを開くことができないようなら、決して私は仏にはなりません)」。この意味を汲んで「必至滅度の願」、「証大涅槃の願」ともいう)。

［あらすじと解説］

「証巻」に入ったここでは、①真実の悟りとは、阿弥陀仏が与えてくださる他力の働きに満たされた境地に目覚めることであり、②この境地に導かれるのは、第十一願によるという。③つまり煩悩に満ち、自力では悟れない自分であっても、阿弥陀仏の信心と念仏をいただけば、必ず浄土に生まれ悟らせていただく正定聚の仲間に入れていただける、と述べます。そして④悟らせていただいて住む世界は、煩悩から解放された真理の世界、⑤色も形もない世界、⑥ありのままの世界、⑦現われ方はいろいろであっても根本は一つであるから一如の世界である、ともいいます。そして⑧この一如の世界から、阿弥陀仏は報身、応身、化身などさまざまな姿をとって私たちに近づき、早くこの世界に来るよう招いてくださっているというのです。

さて一般に悟りというと、釈迦の教えにしたがってきびしい修行をし、煩悩を断ち切り、真理を体得するというイメージが強いでしょう。しかし親鸞はこの煩悩を断ち切れないと

親鸞の証（悟り）の意味

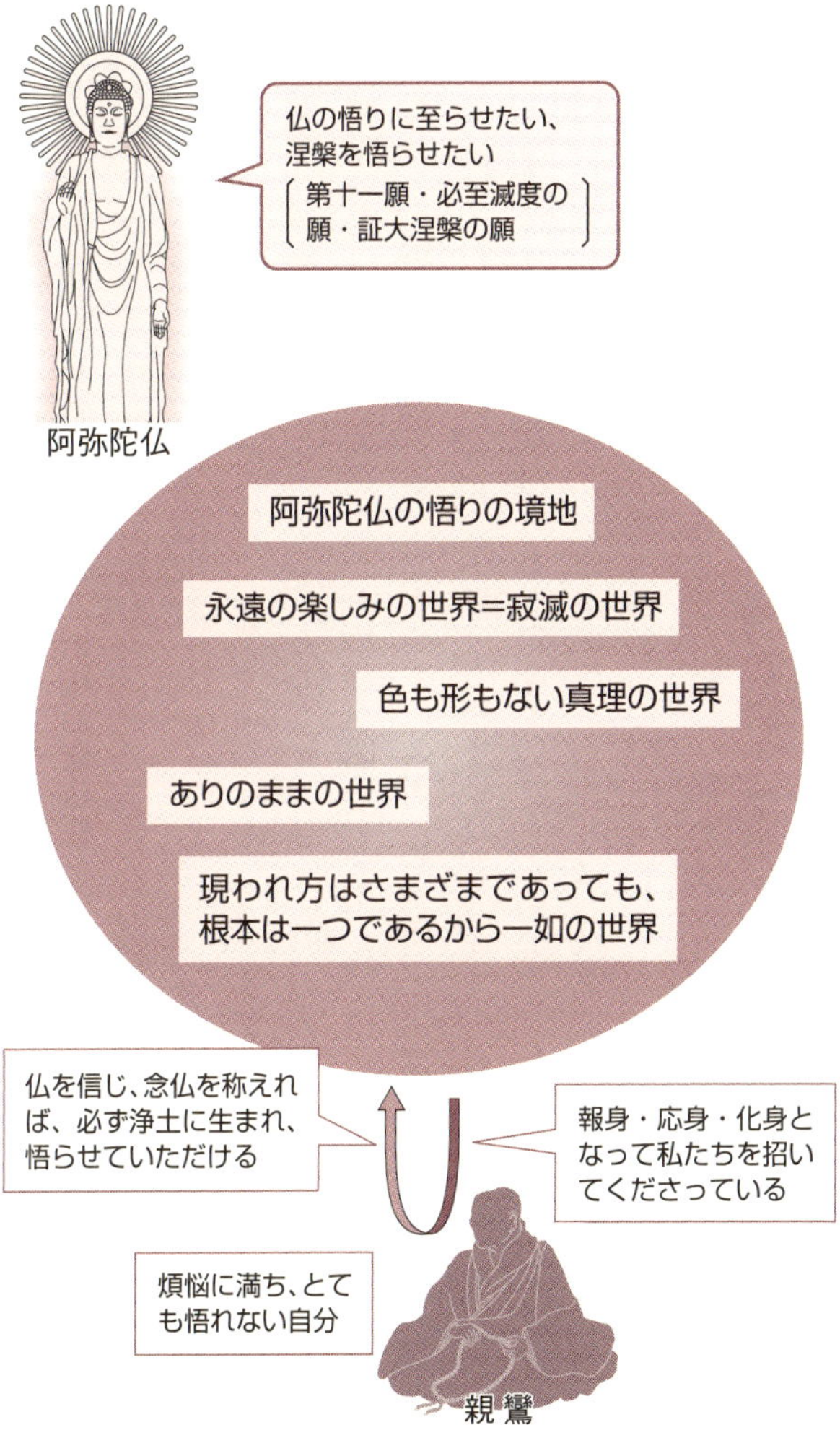
仏の悟りに至らせたい、
涅槃を悟らせたい
〔第十一願・必至滅度の願・証大涅槃の願〕
阿弥陀仏
阿弥陀仏の悟りの境地
永遠の楽しみの世界＝寂滅の世界
色も形もない真理の世界
ありのままの世界
現われ方はさまざまであっても、根本は一つであるから一如の世界
仏を信じ、念仏を称えれば、必ず浄土に生まれ、悟らせていただける
報身・応身・化身となって私たちを招いてくださっている
煩悩に満ち、とても悟れない自分
親鸞

いうところから出発しています。断ち切れないという絶望から阿弥陀仏の本願に出会ったわけですから、悟りというものの見方も、伝統的な仏教とは根本的に異なってきます。

親鸞によれば、信心も念仏も阿弥陀仏からいただいたものであったように、証（悟り）も仏からいただくものです。その理由は第十一願「必至滅度の願」（「証大涅槃の願」）で阿弥陀仏が必ず仏の悟りに至らせたい、涅槃を悟らせたいという願いをかけられているから、それによる以外はないというのです。その上で、願をいただき、阿弥陀仏を信じて念仏を称えさせていただくとき、おのずから悟りを開かせていただけるのだといいます。

しかし依然として煩悩を持ったままですので、まず、必ず浄土に生まれさせていただき、そこで悟らせていただけるという正定聚《しょうじょうじゅ》の資格をいただきます。そしてやがて肉体が朽ち、煩悩から解放された後、真の悟りを開かせていただくのです。しかしこうして必ず悟りを開かせていただけるということが確かになったことは、煩悩に絶望する親鸞にとっては、この上もなくうれしいことでした。

なお、こうした悟りのあり方を知らせるため、一如つまり真理の世界は、修行を積んだ法蔵菩薩の報いの姿つまり報身としての阿弥陀仏、歴史上に現われた応身としての釈迦、その他の化身などの姿を通して私たちに働きかけてくださっていると親鸞は考えました。

第四章
『教行信証』を読み解く

証巻2——還相回向は、浄土に生まれた人が自在に人を教化すること

〔現代語訳〕

これまで解き明かさせていただいた真宗の「教」「行」「信」「証」について考えると、これらはすべて阿弥陀さまの深い思いやりの心によって私たちに回向されている働きといえる。だから原因も結果も、阿弥陀さまの浄《きよ》らかな願いから出現し、成し遂げられていないものは一つとしてない。原因が浄らかなのだから、浄土に生まれ、悟りを開かせていただくという結果も浄らかになるわけである。このことをよく理解しなければならない。

すでに教巻のはじめに、真宗には往相回向と還相回向の二種類の回向があると指摘し、これまで往相の回向について述べてきたが、二つ目の還相の回向とは、浄土に生まれた者がこの迷いの世界に還り、自在に他の人を利し、教化させていただける働きをいう。

これは四十八願中の第二十二願*「必至補処《ひっしふしょ》の願」から出たものだ。そしてこの願はまた「一生補処《いっしょうふしょ》の願」、「還相回向の願」とも名づけることができる。

［語句］

＊第二十二願（「たとい我、仏を得んに、他方の仏土のもろもろの菩薩衆、我が国に来生《らいしょう》して、究竟《くきょう》して必ず一生補処に至らん。（中略）普賢《ふげん》の徳を修習せん。もし爾《しか》らずんば、正覚《しょうがく》を取らじ（もし私が仏になるとき、ほかの浄土に住んでいた菩薩が私の浄土に生まれることになったら、これらの菩薩を菩薩の最高位であり、次の生涯には必ず仏になり得る「一生補処」という位に入るようにしてあげたい。……これらの方々には娑婆《しゃば》に還り、人々を教化し慈悲の行を実践していただきたいのです。そのようにしてもらえないようなら、私は決して仏にはなりません）」という願。捕処に的をしぼった場合「必至捕処の願」、「一生捕処の願」といい、この世に還ってすべての人々を教化、救済する面に的をしぼった場合には「還相回向の願」ともいう）。

［あらすじと解説］

ここは二つの部分から成り立っています。まず前半では、「教巻」冒頭に「謹《つつし》んで浄土真宗を案ずるに、二種の回向あり。一つには往相、二つには還相なり。往相の回向について、真実の教行信証あり」と述べられていましたが、それを今ここで①教・行・信・証はすべて阿弥陀仏から回向されている働きであると結論し、②原因も結果も阿弥陀仏の願いから出現し成し遂げられたのだから、③証（悟り）もいただくことができると説きます。

次に後半では、①還相回向は、浄土に生まれさせていただいた者がこの世界に還り、他の人々を利し教化することであるとし、②その根拠を第二十二願に求め、確認しています。

さて、還相回向について親鸞は『高僧和讃』の中で、「還相の回向ととくことは　利他《りた》教化《きょうけ》の果をえしめ　すなわち諸有《しょう》に回入《えにゅう》して　普賢の徳を修するなり」と述べています。この文の大意は、「曇鸞《どんらん》が説かれた還相の回向とは、浄土に生まれた人がそこで悟りをいただき、人を教化する身となって、再び迷いと苦悩に満ちたこの娑婆《しゃば》に還り、普賢の徳つまり慈悲を尽して人を利し教化する働きを実践することである」となります。

自分だけが救われ満足しているだけでは、本当に救われているとはいえません。救われた喜びから他人を救いたいという気持ちがおこって、はじめて救われているといえましょう。

たとえばキリスト教のプロテスタント教会をおこしたルターは、神によって救われたとき人は完全に自由な身になるが、同時に「キリスト者はすべてのものに奉仕するしもべであって何人にも従属する」（『キリスト者の自由』）と述べています。救われると同時に喜んで人に奉仕できるようになる、それが救いなのです。親鸞のいう還相の回向とどこかで通じるものがあるといえます。

第四章
『教行信証』を読み解く

真仏土巻1

——真仏土とは、真の仏と真の浄土

〔現代語訳〕

つつしんで、真宗における真実の仏とその浄土について考えさせていただくと、この仏とは私たちの思考や表現を超えた光明ともいうべき不可思議光如来《ふかしぎこうにょらい》であり、浄土とは無量の光明に包まれた世界である。そしてこの仏と浄土は、偶然に現われたものではなく、阿弥陀さまが法蔵菩薩であられたときにあらゆる人々を救いとろうと誓い、必ずそれを成し遂げようとしてくださった誓願の報いとして完成されたのであるから、因果の法によって実現された真の報仏《ほうぶつ》、真の報土《ほうど》、すなわち真仏土《しんぶつど》というのである。

真仏土の根拠となっている願は、「光明無量《こうみょうむりょう》の願」といわれる第十二願[*1]と「寿命無《じゅみょうむ》量《りょう》の願」といわれる第十三願[*2]である。

〔語句〕

＊1　第十二願（「たとい我、仏を得んに、光明能《よ》く限量ありて、下、百千億那由他《なゆた》の諸仏の国を照らさざるに至らば、正覚を取らじ（もし私が仏になるとき、光明に限りがあり無数の諸仏の浄土を照らすことができないようなら、私は決して仏にはなりません）」。「光明無量の願」ともいう）。

＊2　第十三願（「たとい我、仏を得んに、寿命能く限量ありて、下、百千億那由他の劫《こう》に至らば、正覚を取らじ（もし私が仏になるとき、寿命に限りがあり、有限な寿命しか持ち得ないようなら、私は決して仏にはなりません）」。「寿命無量の願」ともいう）。

［あらすじと解説］

「真仏土巻」において親鸞は真の仏とその浄土について明らかにしようとします。そして①真の仏とは思考や表現を超えた光明ともいうべき不可思議光如来であり、②真の浄土とは無量の光明に包まれた世界だとします。③両者は法蔵菩薩の本願の報いとして完成されたのだから真の報仏、報土である。④その根拠は第十二願と第十三願にある、といいます。

　さて、読者の方の中には、ここまできても阿弥陀仏という存在がもうひとつはっきりしない方が少なくないと思われます。「一如から現われた」とされたり、「法蔵菩薩であられたとき」などといわれ、少々混乱していることと思いますので、ここで簡単に解説しておきましょう。

親鸞の考えた真の仏と真の浄土

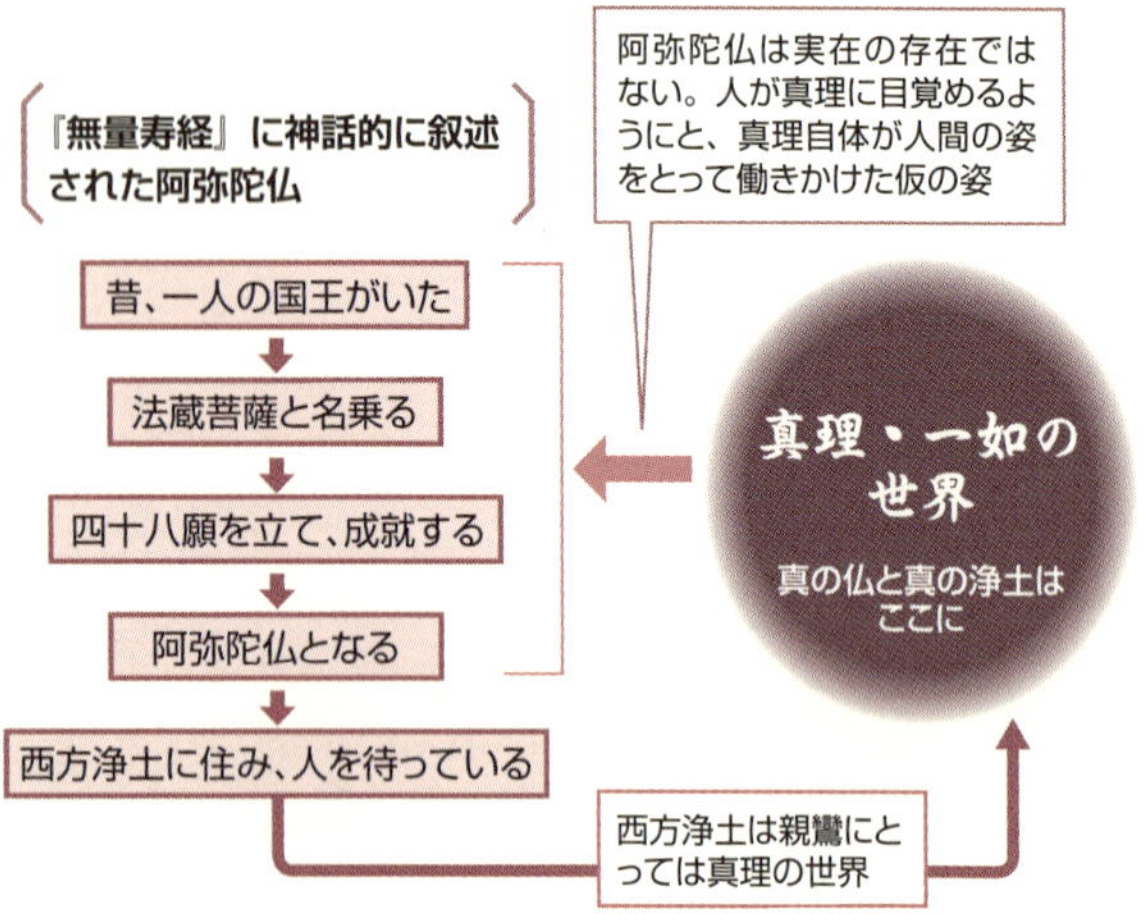
『無量寿経』に神話的に叙述された阿弥陀仏
昔、一人の国王がいた
法蔵菩薩と名乗る
四十八願を立て、成就する
阿弥陀仏となる
西方浄土に住み、人を待っている
阿弥陀仏は実在の存在ではない。人が真理に目覚めるようにと、真理自体が人間の姿をとって働きかけた仮の姿
真理・一如の世界
真の仏と真の浄土はここに
西方浄土は親鸞にとっては真理の世界

『無量寿経』には、「はるか昔、一人の国王が世自在王仏の説法を聞いて感動し自分も仏になろうとした。そこで法蔵菩薩と名のり、人々を救済するために四十八の願を立て、これが成就しなければ仏にならないと誓った。そして長い間思索し、救済の方法を発見して仏となった。こうして仏になった阿弥陀仏は、西方浄土の教主となり、人々が浄土に来るのを待っておられる」と書かれています。従来はこのような一見神話的な阿弥陀仏が信じられてきたのですが、親鸞はその奥に真理（一如）の働きを見出したのです。つまり法蔵菩薩も阿弥陀仏も仮の姿であって、実際は〝真理〟であり、その浄土は真理の世界であると考えたのです。上に図示してみましょう。

第四章
『教行信証』を読み解く

真仏土巻2

——真と仮の願から真仏土と化身土があらわれる

〔現代語訳〕

「報土」の報ということについてよくよく考えてみると、阿弥陀さまが法蔵菩薩のときに本願を立ててくださったことが原因となり、その結果、報いとして浄土（報土）が成立したのである。だから報というのだ。

しかし仏さまの願には、真の願と仮の方便としての願がある。それゆえ仏と浄土にも真と仮があることになる。まさに阿弥陀さまの選択本願を因として、真の仏と真の浄土が形成されたのである。

真の仏について『無量寿経』には「無辺光仏《むへんこうぶつ》・無碍光仏《むげこうぶつ》」と説かれ、『大阿弥陀経《＊1だいあみだきょう》』には「諸仏の中の王であり、光明の中でも最も尊い」と説かれている。また、論主天親の『浄土論』には、「帰命尽十方無碍光如来《きみょうじんじっぽうむげこうにょらい》」といわれている。

また、真土とは『無量寿経』の異訳である『平等覚経《＊2びょうどうかくきょう》』に、限りない智慧の光に照らされた世界という意味で「無量光明土《むりょうこうみょうど》」と説かれている。あるいは同じく『無量寿経』の異訳である*3『無量寿如来会《むりょうじゅにょらいえ》』には、仏のもろもろの智慧によって成立した世界という意味で「諸智土《しょちど》」とも説かれている。さらに『浄土論』には、「人間の分別を超えた究極的な空の世界であり、広大であって限りない世界である」と表現されている。（中略）仮の仏土については、次の「化身土《けしんど》巻」に述べるので、そこでご理解いただきたい。

さて、ここまで真と仮に分けて考えてきたが、双方ともに阿弥陀さまの深い慈悲による願が報われたものだ。だから、真の仏土も仮の仏土も「報仏土」であるということがわかる。真の仏土は一つの因、一つの果であるが、仮の仏土は自力がまじるため因が千差万別《せんさばんべつ》となる。その結果である仏土もまた、千差万別の仏土となるわけである。これを「方便化身・化土」と名づける。この真と仮を知らないために、阿弥陀さまの広大な救いの心を見失ってしまうのだ。だから、今ここで真の仏と真の浄土を明らかにしておいたのである。このことこそが、ほかでもなく真宗の教えの根本である。

経典を説いてくださったお釈迦さま、その経典について論を作り、経文の深い意味を詳しく述べてくださった龍樹・天親の論家の正しい教え、また曇鸞・善導等、浄土教の教えを伝えてくださった浄土宗師《しゅうし》の解釈を仰ぎ敬い、信じ、つつんで教えの真意を聞きぬかねばならない。よくよく心してくださるように。

［語句］

＊1『大阿弥陀経』（正式には『阿弥陀三耶三仏薩楼仏檀過度人道経』という。呉の支謙訳。いわゆる『阿弥陀経』ではなく『無量寿経』の異訳の一つ）。

＊2『平等覚経』（詳しくは『無量清浄平等覚経』という。後漢の支婁迦讖訳。『無量寿経』の異訳の一つで、願は二十四願のみ）。

＊3『無量寿如来会』（『無量寿経』の異訳。唐の菩提流支訳）。

［あらすじと解説］

まず①「報」という言葉を取り上げ、阿弥陀仏が法蔵菩薩のときに立てた願が報われた結果、報土（浄土）が成立したと述べ、②その願には真の願と仮の願があったことから、仏と浄土についても真と仮があり、③真の仏とは無辺光仏・無碍光仏・尽十方無碍光如来などといわれているとし、④真の浄土（真土）は無量光明土・諸智土・空の世界・広大無限の世界などといわれると説いています。⑤その上で仮の仏と浄土については次の巻で述べるが、⑥大切なのは、「真も仮も阿弥陀仏の救いの心から出ている」ことであって、仮を否定していないという点であり、これが真宗の根本であると説きます。そして⑦釈迦、諸師がたの教えの真意をしっかりと聞きとらねばならない、と強調します。

ここで私が親鸞に非常に魅力を感じる点は、仮の世界を大切にしていることです。「真と仮を知らないために、阿弥陀さまの広大な救いの心を見失ってしまうのだ」とあるように、真の世界に入れない人も、とりあえず仮の世界に救い入れる。遠回りさせてでも真の世界に救い入れようとする仏の思いやりに気づき、その思いやりを伝えようとするやさしさです。

この親鸞のやさしさに気づいた一人が『歎異抄《たんにしょう》』の作者とされる唯円《ゆいえん》でした。彼は『歎異抄』で、自力の念仏を称える人々は、真の浄土に生まれられないとする見方に反論します。「信ぜざれども、辺地懈慢疑城胎宮《へんじけまんぎじょうたいぐう》にも往生して、果遂《かすい》の願のゆえに、ついに報土に生ずるは、名号不思議のちからなり」。つまり阿弥陀仏を信じられないで自力の念仏を称える人でも、仮の浄土の辺地懈慢、疑城、胎宮に往生させ、やがては何としてでも真の浄土に生まれさせようとしてくださる「果遂の誓い（第二十願）」により真の浄土に生まれさせていただけるのだという意味です。そしてこの力が名号にこもっているのだといいます。

「辺地」とは自力の念仏者が生まれる浄土の片すみであり、「懈慢」とは信心が薄く、なまけてばかりいる人の生まれるところです。「疑城」とは本願を疑う人の行くところで、「胎

親鸞のやさしさ

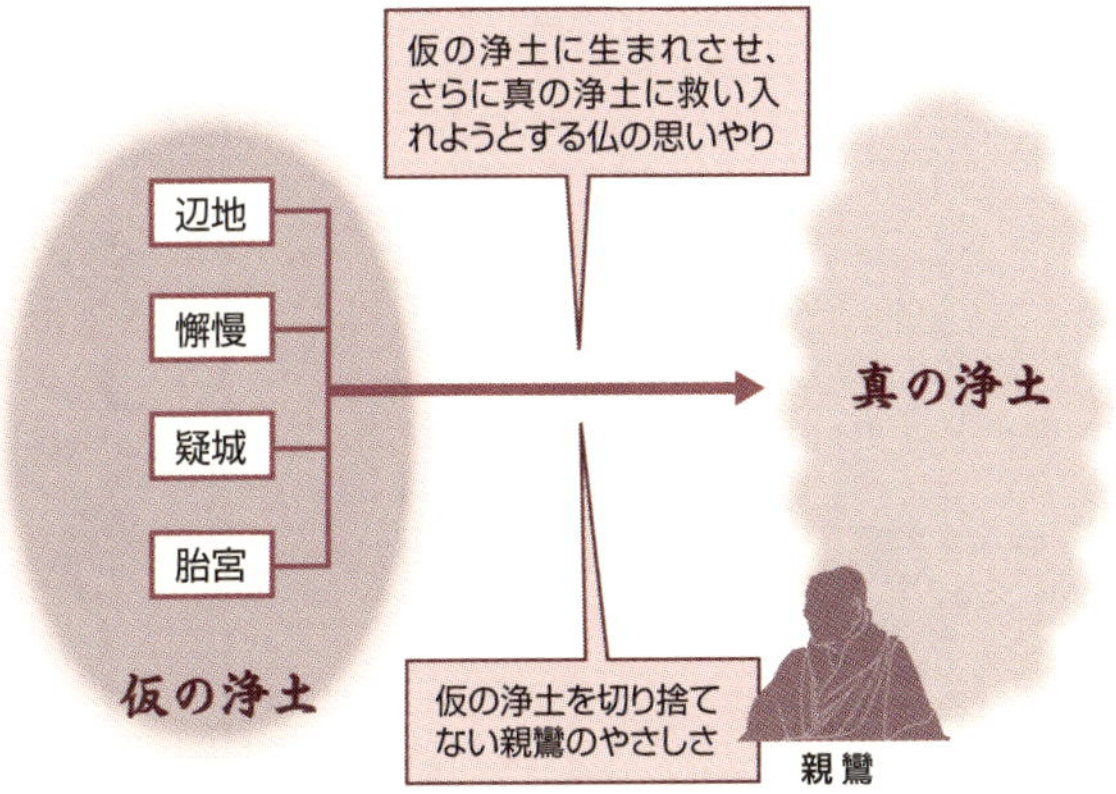

宮」は母親の胎内にいる胎児が外の光に触れられないのと同じく、仏の光を仰げない世界をいいます。しかしこのような仮の浄土に行ってもそのまま終わったり、そこから地獄におちるといっているのではありません。一旦仮の浄土に生まれさせ、その後真の浄土に生まれさせようとしてくださるのが仏の思いやりであり、念仏の力だというのです。

このように親鸞は自力の念仏を称える人を切り捨てようとはしませんでした。ここに唯円は仏の本願の思いやりと親鸞のやさしさを感じ取っていると思えるのです。

親鸞が「真の浄土」と「方便の浄土」と表現したことはじつに深い意味を持つといえます。

第四章
『教行信証』を読み解く

化身土巻1
——化身土とは、方便の仏と方便の浄土

［現代語訳］

つつしんで化身土、すなわち化身と化土を明らかにさせていただくと、まず化身は『観無量寿経』に説かれている十六観法[*1]中の第九真身観《しんしんかん》の仏、つまり無量の仏ではなく、数量的に表現された方便の化仏である。

次に化土とは、やはり『観無量寿経』に説かれている姿・形のある方便の浄土を指す。また『菩薩処胎経《ぼさつしょたいきょう》』[*2]などに説かれている懈慢界、つまりこの世と阿弥陀さまの浄土の中間にあり、他力の信心に徹しきれない者が一度ここに生まれ、次に真の浄土に生まれるとされる世界もこの化土に当たる。さらに『無量寿経』に説かれる疑城胎宮、つまり阿弥陀さまを疑い、自力で浄土に生まれようとするために宮殿に閉じこめられてしまい、教えを聞くこともできない、母胎の中にいるような世界も、この化土に当たる。

さて、穢《けが》れ濁った世の人々、煩悩に縛られ悪業をくりかえす人たちが、かりに今、仏さ

まの導きによって仏教以外の九十五種[*3]の邪道から離れ、仏教のさまざまな教えに導き入れていただいても、真にその教えに入るのはとてもむずかしい。またこれを修められる者ははなはだ稀《まれ》である。教えを偽る者が非常に多く、内面的に空虚な者がはなはだ多いからだ。そこでお釈迦さまは、こういった人々を憐《あわ》れみ、『観無量寿経』にある福徳蔵[*4]《ふくとくぞう》の教え、つまり「たとえ自力の行であっても、それを修めれば浄土に生まれられる」という教えを説いてくださり、人々を誘い、導いてくださったのである。さらに阿弥陀さまは、迷いに沈んだ私たちすべてのために本願をおこし、教化してくださったのだ。

こうして、今まさに、私たちの前に、大悲に満ちた本願が現前しているのである。この本願を第十九願「修諸《しゅしょ》功徳《くどく》の願」と名づける。これは、いろいろな功徳を修め、その功徳によって浄土に生まれようと願う人の寿命が終わるとき、阿弥陀仏が多くの尊い人たちとともに目の前に現われ、迎えると誓われた願である。こうして浄土に生まれたいと願う者の臨終に際し、現前に現われ、迎えてくださる本願であるから「臨終現前《りんじゅうげんぜん》の願」とも名づけられる。また臨終に現われ、浄土に導き生まれさせるという本願であるから「現前導《げんぜんどう》生《しょう》の願」とも名づけられる。さらには、臨終に仏さまが聖者とともに来迎し浄土に引きとってくださる願でもあるから「来迎引接《らいごういんじょう》の願」とも名づけられる。また自分が積んだ諸功徳を至心に回向し、これによって浄土に生まれたいと願う人を迎えると誓ってくださった本願であるから、「至心発願《ししんほつがん》の願」とも名づけるわけである。

〔語句〕

＊1 十六観法中の第九真身観の仏（『観無量寿経』では浄土や阿弥陀仏を観想する十六の方法が説かれるが、その九番目で観想される阿弥陀仏の姿。〔解説〕参照）。

＊2『菩薩処胎経』（仏の入滅について説いた経典。七巻。後秦の竺仏念訳）。

＊3 九十五種の邪道（仏教以外の思想を総称したもの）。

＊4 福徳蔵（『観無量寿経』に説かれる自力によって修める善のこと）。

〔あらすじと解説〕

「化身土巻」の冒頭のこの文では、まず①「化仏」つまり仮の仏は『観無量寿経』の観想法の中の真身観《しんしんかん》で取り上げられるような仏であり、化土つまり仮の浄土は、同じ観想法の中に出てくる浄土観などがそうだといいます。次に、なぜそのような仏や浄土が説かれているかというと、③世の中には邪道におちいり、仏教に導かれたにせよ、なかなか他力の真の教えには入りがたい人が多い。釈迦はそれらの人々をあわれみ、たとえ自力の行であってもこれを修めれば浄土に生まれられると説き、④阿弥陀仏は第十九願「修諸功徳の願」をおこしてくださったと説きます。そして⑤この願は臨終に際して阿弥陀仏が目の前に現れてくださるから「臨終現前の願」、⑥浄土に導き生まれさせてくださるから「現前導生の願」、⑦さらには迎えにきて浄土に引き入れてくださることでもあるから「来迎引接の願」、⑧至心に自分の積んだ功徳を回向しようとする者を浄土に迎えると願いをおこしてくださったのだから「至心発願の願」とも名づける、といいます。

ではここで、『観無量寿経』を取り上げ、仮の仏と仮の浄土について解説します。

この『観無量寿経』は、すでに取り上げた王舎城《おうしゃじょう》の悲劇（52頁参照）から始まります。悲しみにくれた韋提希《いだいけ》夫人は釈迦に向かって「私は阿弥陀仏の浄土に生まれたいのですが、どうすればよいのでしょうか」とたずねます。これに答えて釈迦は、さまざまな浄土や仏を観想するようにすすめますが、その観想の中に阿弥陀仏の姿を観想する「真身観」があります。これによれば、仏身の高さは、「六十万億那由他恒河沙由旬《ろくじゅうまんおくなゆたごうがしゃゆじゅん》なり」とあります。「那由他」は考えられないほどの数、「恒河沙」はインドのガンジス河の砂という意味から、無数と訳されます。さらに「由旬」とはインドの距離の単位。要するに途方もなく高い身長なのですが、問題は仏が数量的に表現される点です。親鸞によれば真の仏は色や形を持つものではありませんから、このような仏は仮の仏であるということになります。

また仮の浄土については、たとえば池の水を観想する宝池観《ほうちかん》の中に「極楽国土に八つの池水《ちすい》あり。一一《いちいち》の池水、七宝の所成なり」とあります。極楽浄土には八つの池があり、七宝からできているというのです。やはり色や形を持つものとして描写されており、親鸞にとっては仮の浄土でした。また他の経典に説かれる懈慢界や疑城・胎宮も、前項で述べたように仮の浄土でした。こうして彼は真仏土と化身土を明確に区別していきます。

しかし親鸞はこの仮の仏や仮の浄土を否定しているのではありません。真の仏、真の浄土に向かわせる仮の方便としてとらえているのです。煩悩に縛られ悪業を繰り返す人間は、仏教と触れる機会を持っても、真の仏、真の浄土に出会うのはとてもむずかしいことです。せいぜい自力の念仏を称え、功徳を積んで浄土に生まれたいと願う程度でしょう。そこで親鸞はこのような人間のことを考え、方便の仏や方便の浄土を通し、真の仏、真の浄土に出会わせようと、第十九願を取り上げるのです。

第十九願は「たとい我、仏を得んに、十方衆生、菩提心《ぼだいしん》を発《おこ》し、もろもろの功徳を修して、心を至し願を発して我が国に生まれんと欲《おも》わん。寿《いのち》終わる時に臨んで、たとい大衆《だいしゅ》と囲繞《いにょう》してその人の前に現ぜずんば、正覚を取らじ」というものです。悟りを求める心をおこ

親鸞のいう仮の仏・仮の浄土とは

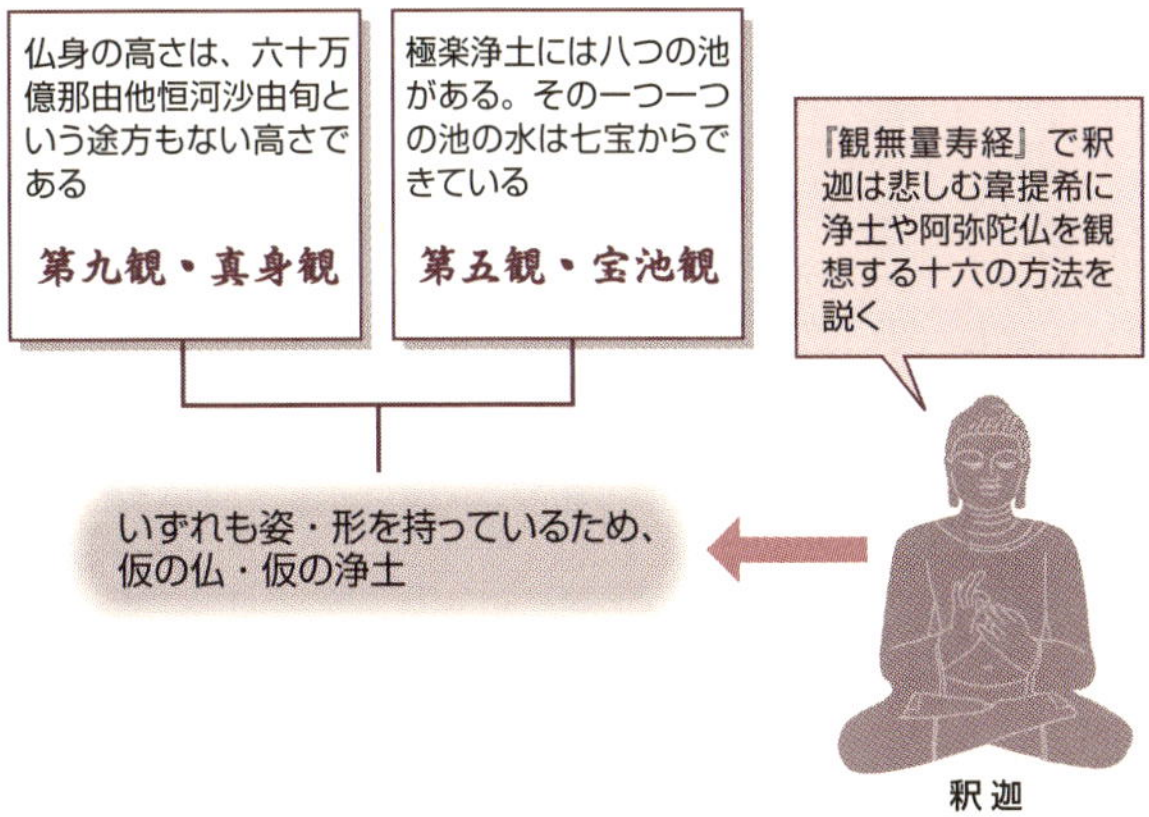
仏身の高さは、六十万億那由他恒河沙由旬という途方もない高さである
第九観・真身観
極楽浄土には八つの池がある。その一つ一つの池の水は七宝からできている
第五観・宝池観
『観無量寿経』で釈迦は悲しむ韋提希に浄土や阿弥陀仏を観想する十六の方法を説く
いずれも姿・形を持っているため、仮の仏・仮の浄土
釈迦

し、さまざまな功徳を積んで、心から浄土に生まれたいと願う人がいるならば、臨終のとき、その人の前に現われ、浄土に迎え入れようというのがこの願の趣旨です。つまり自分で功徳を積もうという自力の雑じった人であっても、臨終に際し、阿弥陀仏が目に見える形を持った仏、つまり仮の仏として迎えに来て、仮の浄土に導いてくれるというのです。こうして自力の人を救い、やがて真の仏、真の浄土に出会わせようとするのです。ですから、十九願は、「修諸功徳の願」「臨終現前の願」「現前導生の願」「来迎引接の願」「至心発願の願」ともいわれるのです。このように親鸞は化身土を大切にし、真仏土に導こうとしました。ここに化身土の重要性があるのです。

化身土巻2

——十九願から二十願、そして十八願へ（三願転入）

［現代語訳］

こうして私、愚禿釈《ぐとくしゃく》の親鸞は、論主天親の『浄土論』のご解釈を仰ぎ、宗師善導のお勧めによって、久しき以前、さまざまな行を修め善を行なう方便の仮の門である第十九願を出て、永く*1双樹《そうじゅ》林下の往生を離れることになった。そして自力の念仏を説く善本・徳本*2の真門である第二十願に入り、ひとえに*3難思往生《なんしおうじょう》を願う半自力半他力《はんじりきはんたりき》の心をおこした。

しかし、こうして第十九願から第二十願に入った私であるが、今ではまぎれもなくこの第二十願を出て、阿弥陀さまが選びぬいてくださった選択本願である第十八願に転入することができた。よって、すみやかに難思往生を願う自力の心を離れ、他力の働きによる難*4思議往生を遂げたいと思う。それにつけても、この願を信じれば遂には第十八願の真実の世界に導き入れようとしてくださった第二十の果遂の願には、まことに深い意味がある。

すでに久しい以前から、私は本願の海に入らせていただいたことで、深く阿弥陀さまのご恩を知らせていただいた。この無上のご恩に感謝し、報いるために浄土の真実の教えの要となる文を拾い集め、凡人には思いおよばぬ阿弥陀さまの徳のこもったお念仏を、常に心の底から称えさせていただいているのだ。称えさせていただくことによっていよいよこれを喜び、さらに深く阿弥陀さまのお心をいただいていきたいと思うのである。

［語句］

＊1 双樹林下の往生（真実の往生ではなく化土に生まれること。双樹林下とは釈迦が入滅した沙《さ》羅《ら》双樹の下という意。阿弥陀仏の報土でなく、この世のことであるから化土とされたのである）。

＊2 善本・徳本の真門（あらゆる善根や功徳の根本となるもの。ここでは名号を指す。真門とは第二十願にもとづく自力念仏による往生の法門。したがって自力の念仏を説く二十願といった意味）。

＊3 難思往生（二十願の自力称名によって化土の疑城胎宮に往生すること）。

＊4 難思議往生（十八願による真の浄土への往生。思議を超えた往生という意味）。

［あらすじと解説］

ここでは親鸞の信心の変遷について述べられます。まず彼は①十九願を出ることによって②二十願の教えに入り、半自力半他力の心をおこしたが、③今では十八願の完全な他力の教えに入ることができたので、④ご恩に報いるため本書を書かせていただいているとし、⑤今後もさらに念仏を称え、阿弥陀仏の心をいただきたい、と決意をあらたにしています。

さて、親鸞は第十九、二十、十八の三つの願を取り上げ、三つの願との関わりを通して自分の信心の深まりを述べています。そこでここではそのプロセスをたどりながら、彼の信心を理解してみましょう。ちなみにこの過程は古来「三願転入《さんがんてんにゅう》」と呼ばれます。

最初、親鸞は第十九願に関心を持ちました。そしていろいろな善行を行ない、功徳を積むべく修行しますが、次第に疑問を感じるようになります。煩悩にまみれた自力では善行や功徳を積むことなどできないという挫折感から、やがて阿弥陀仏は、本当はこんなことは要求されていないのではないかと考えるようになります。そして阿弥陀仏は念仏に気づかせる方便としてこのようにおっしゃっているのではないかと気づき、第二十願に目を向けました。私の名号を称え、もろもろの功徳を積むならば必ず浄土に迎えようという阿弥陀仏の願に心を惹かれ、ひたすら念仏を称えて功徳を積もうとしたのです。

しかし次第に功徳を積もうとする自力性に疑問を持ちます。結果、二十願は半自力半他力の願であって、完全な他力を教える十八願に入れるための方便に違いない、だから十八願に入らなければならないと気づかされます。十九願も二十願も、じつは阿弥陀仏が最も

親鸞の三願転入

第十八願	念仏往生の願	本願を信じて念仏を称えれば救われる	難思議往生
第十九願	至心発願の願	さまざまな修行を積めば救われる	双樹林下の往生
第二十願	至心回向の願	念仏を称え、徳を積めば救われる	難思往生

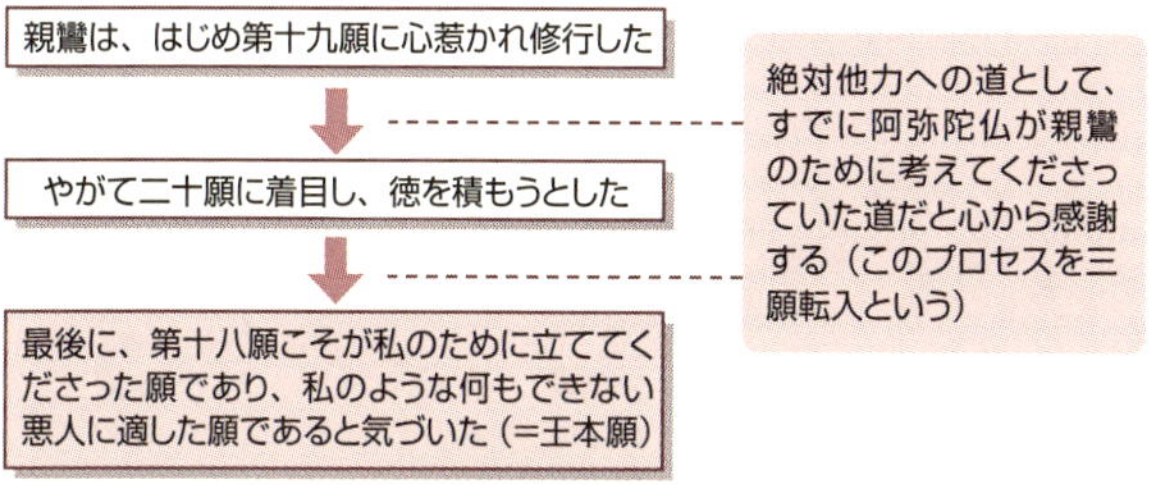
親鸞は、はじめ第十九願に心惹かれ修行した
やがて二十願に着目し、徳を積もうとした
最後に、第十八願こそが私のために立ててくださった願であり、私のような何もできない悪人に適した願であると気づいた（＝王本願）
絶対他力への道として、すでに阿弥陀仏が親鸞のために考えてくださっていた道だと心から感謝する（このプロセスを三願転入という）

重要とされる十八願に気づかせるための願であったと彼は気づいたのです。自力から離れがたい人々にいきなり十八願に入れといっても無理がある。そこでこの二つの方便の願を立ててくださったのだ、と。

　結果的には簡単なことのようにも感じられますが、もともと自力的な性格の強かった親鸞からすると、この気づきは苦渋《くじゅう》に満ちた求道《ぐどう》の結果でした。しかしこの求道を親鸞は、阿弥陀仏ご自身がさせてくださったのだと感じたのです。三願の中での彷徨《ほうこう》は、他力の信心を得させようとする仏の働きにほかならないと気づいたことで、その苦しみは深い喜びとなりました。

　このプロセスを上に図示します。

第四章
『教行信証』を読み解く

化身土巻3
——後序、私の歩み

［現代語訳］

ひそかに考えてみると、聖道門《しょうどうもん》自力のさまざまな教えにおいては、行を実践することも悟りを開くことも、はるか以前から廃《すた》れてしまっている。これに対し、浄土の真実の教えを奉《ほう》ずる私たちにおいては、今や時代に適応した教えとして盛んに信じられている。しかしながら南都北嶺《なんとほくれい》の諸寺の僧たちは、教えの真意が見抜けず、真の教えである浄土門の教えと仮の方便の教えである聖道門の教えとの区別も知らずにいる。また京の都の学者たちも真の行の意味がわからず、行の道に正と邪の区別をすることすらできないでいるのだ。

そのような有様《ありさま》だから、愚かにも興福寺《こうふくじ》の学僧たちは、太上天皇（後鳥羽上皇《ごとばじょうこう》）ならびに今上天皇（土御門天皇《つちみかど》）の御代《みよ》、すなわち承元《じょうげん》元年（建永《けんえい》二年）二月上旬に奏上《そうじょう》*1し、念仏禁止を訴えるに至った。結果として天皇も臣下も仏法に背き、人の道にたがい、怒りを生み、怨《うら》みを抱くことになってしまったのである。

これによって、わが国に初めて[*2]浄土の真宗をおこし、盛んにしてくださった太祖《たいそ》法然上人、ならびにその門弟数人を罪の当否すら考えず、無法にも死罪にしたり、あるいは僧の身分を奪って俗名《ぞくみょう》を与え、遠国《えんごく》に流罪《るざい》とした。私もその一人である。したがって私は、すでに僧でもなく、一般人でもないため、「禿《とく》」という字をもって私の姓とした。法然上人ならびにお弟子方は諸方の辺鄙《へんぴ》な地に流罪となり、五年の月日を送られた。

そして順徳《じゅんとく》天皇の御代、建暦《けんりゃく》元年十一月十七日、法然上人は罪を赦《ゆる》されて京都に帰られ、東山の西の麓、鳥辺野《とりべの》の北のほとりにある大谷《おおたに》にお住まいになった。しかし同二年正月二十五日の正午に入滅なさった。ご臨終の際、さまざまな奇瑞があり、数えあげることはできないが、それらは法然上人についての伝記に記されている。

ところで愚禿釈《ぐとくしゃく》の私親鸞は、建仁《けんにん》元年、それまでとらわれていた自力の雑行《ぞうぎょう》を棄て、阿弥陀さまの本願に帰すことができた。元久《げんきゅう》二年には、法然上人の特別のお許しを得て、『選択本願念仏集』を書き写させていただいた。そして同年夏七月十四日、上人は「選択本願念仏集」という[*3]内題の字、ならびに[*4]「南無阿弥陀仏　往生之業　念仏為本」という文、そして私の名である「釈綽空《しゃっくう》」の字とを、みずからの手で書き添えてくださった。また同日、上人の御真影《ごしんねい》をお借りして描かせていただくと、同年閏《うるう》七月二十九日、真影の銘《めい》として、手ずから「南無阿弥陀仏」の名号と、善導大師の『往生礼讃《おうじょうらいさん》』[*5]から「若我成《にゃくがじょう》仏十方衆生《ぶつじっぽうしゅじょう》　称我名号《しょうがみょうごう》下至十声《げしじっしょう》　若不生者《にゃくふしょうじゃ》不取正覚《ふしゅしょうがく》　彼仏今現在成仏《ひぶつこんげんざいじょうぶつ》　当知本誓《とうちほんぜい》重願不虚《じゅうがんふこ》　衆生《しゅじょう》称念《しょうねん》必得往生《ひっとくおうじょう》」という文とを書いてくださった。また六角堂《ろっかくどう》[*6]に籠《こも》ったとき、観音《かんのん》菩薩が夢のお告げで私に「善信《ぜんしん》よ」と呼びかけてくださったので、その日、綽空の字を改め、わざわざ善信とお書きくださった。上人は、その年七十三歳であられた。

『選択本願念仏集』は、仏門に入られた月輪殿《つきのわどの》[*7]関白《かんぱく》九条兼実《くじょうかねざね》公（法名円照《えんしょう》）の求めに応じて撰述されたものである。浄土真実の教えの簡要、他力念仏の奥義《おうぎ》がこの中に集約されている。これを拝読する者は、誰でもこれらについて会得《えとく》させていただける。まことに、世に稀にしてすぐれた文であり、この上なく深い意味のこもった宝典ともいうべき書物である。長い年月のあいだに上人の教えに導かれた人は、千万の多きにのぼるが、親疎《しんそ》[*8]の別はあるにせよ、この書を拝見し書写することを許された者は、はなはだ少ない。

ところが、私は書写をさせていただき、上人のお姿までも描かせていただけた。これこそ、ひたすら念仏を称えさせていただいたお蔭であり、浄土往生の定まった正定聚にしていただいた証拠なのである。よって、これまでにおこったつらい出来事への悲しい涙、上人との出会いによって得た喜びの涙を抑えて、今に至るまでの由来を書き記した。

まことに喜ばしいかぎりだ。私は今、大地に立つ樹木のように、心を阿弥陀さまの広大な本願の大地の上に打ちたて、思いを人間のはからいを超えた本願の海にまかせている。深く如来の哀れみを知り、上人の厚いご恩を仰ぐものである。喜びはいよいよつのり、ご恩に報わねばという思いはますます強くなっていくばかりだ。この思いから、ここまで浄土真実の教えの眼目《がんもく》となる文を抜き出し、浄土往生の要《かなめ》となる教えを拾い集めてきたのである。ただただ阿弥陀さまのご恩の深いことを思ってしたことであり、たとえ世間の人々の嘲《あざけ》りを受けても、これを恥ずかしいとは思わない。

この書を読まれる方は、信じる心を因とし、疑いが生じたり納得できないことがおこってもそれは凡夫の姿であるから、逆にそれを縁として、阿弥陀さまの本願力によって信心を育てていただかれ、浄土において仏の悟りを得られますように。

［語句］

＊1 奏上（天皇に意見などを申し上げること）。

＊2 浄土の真宗（浄土教の真実の教えという意味。のちに宗派名にもなった）。

＊3 内題（書物の本文のはじめに書く題名。表紙に書く外題に対する）。

＊4 南無阿弥陀仏　往生之業　念仏為本（「南無

阿弥陀仏、往生の業は、念仏を本となす」と読む)。
＊5『往生礼讃』(一日六回の礼拝の行儀について善導が記したもの。その後ろの若我以下の文は、「もし私が仏になったら、十方の人々に念仏を称えさせ浄土に生まれさせようと誓ってくださった阿弥陀仏は、今や仏となっておられるから、念仏さえ称えれば必ず浄土に生まれられる」という意味)。
＊6 六角堂(聖徳太子を開基と伝える頂法寺の堂。親鸞はここで参籠し、救世観音の夢告を受ける。法然の門に入る契機となった)。
＊7 九条兼実(一一四九～一二〇七、慈円の兄。摂政・関白を歴任。出家して法然に帰依)。
＊8 親疎の別(親しいことと疎遠なこととの違い)。

[あらすじと解説]

『教行信証』は、本書全体の後書きにあたるこの後序で終わります。

まず①当時の仏教界をきびしく批判し、②承元の法難の経緯、③流罪の地で非僧非俗の生き方を選んだ理由を述べ、④親鸞自身の回心について、さらには⑤法然から『選択本願念仏集』の書写や肖像を描くことを許されたことなどを、感謝をこめて書き記します。そして⑥これらは念仏を称えさせていただいたお蔭であり、救われている証拠であるとし、⑦如来と法然のご恩であると受けとめて、⑧ご恩に報いるためにこの書を書いてきた、と続けます。これによって⑨どんなに世間の非難を受けようとかまわないとし、⑩本書を読んで疑いがおこっても、逆にそれを縁として信心を育て、深めるようにと願って本書を結びます。なお、このあと数行の引用文と親鸞自身の文が一行ありますが、ここでは省略しました。

最後に指摘し、解説しておきたい点は、先の訳文の中で親鸞が「疑いが生じたり納得できないことがおこってもそれは凡夫の姿であるから」と記している点です。疑いを持つことを決して非難しない点に、私は親鸞の誠実さを感じます。

仏教の教えを素直に信じられず、それゆえに苦しんだのは、じつは親鸞自身でした。行巻の「正信偈《しょうしんげ》」で、阿弥陀仏の本願念仏を信じるのは難中の難であると述べていましたが、これは自分のことを告白しているのです。煩悩に犯された人間にとって真実を素直に信じることなどできない……、これは親鸞自身の懺悔《ざんげ》にほかなりません。また『浄土和讃《じょうどわさん》』の中で、教えを聞いて素直に信じることのむずかしさを、「よくきくこともかたければ　信ずることもなおかたし」と述懐しています。彼の生涯は、じつは疑うことと信じることの葛藤《かっとう》にあったと私は考えています。しかし苦しい葛藤があったがゆえに、疑う凡夫こそが救いの対象であったと気づいたのです。疑う凡夫の心と疑う凡夫を救おうとする仏の心の双方に気づき、知った親鸞だからこそ、その信心は人々の心を惹《ひ》きつけてきたのでしょう。

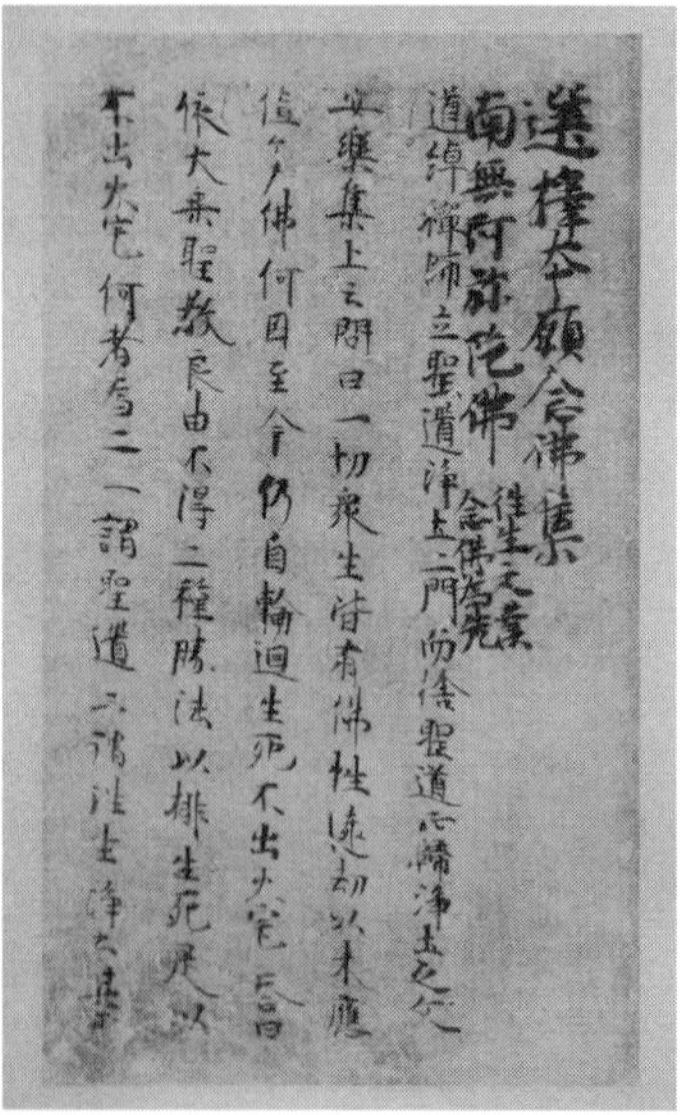

選擇本願念佛集
南無阿彌陀佛　往生之業念佛爲先
道綽禪師立聖道淨土二門而捨聖道正歸淨土之文
安樂集上云問曰一切衆生皆有佛性遠劫以來應
値多佛何因至今仍自輪廻生死不出火宅答曰
依大乘聖教良由不得二種勝法以排生死是以
不出火宅何者爲二一謂聖道二謂往生淨土其

『選択本願念仏集』
（京都市・廬山寺蔵）
巻頭の21字は法然の
自筆とされている

法然配流（『本願寺聖人伝絵』康永本・東本願寺蔵）
法然は配流に関して、「これからは辺鄙な地方へ行って念仏を弘めるゆえむしろ朝恩というべきである」といったという

付章

『教行信証』原文

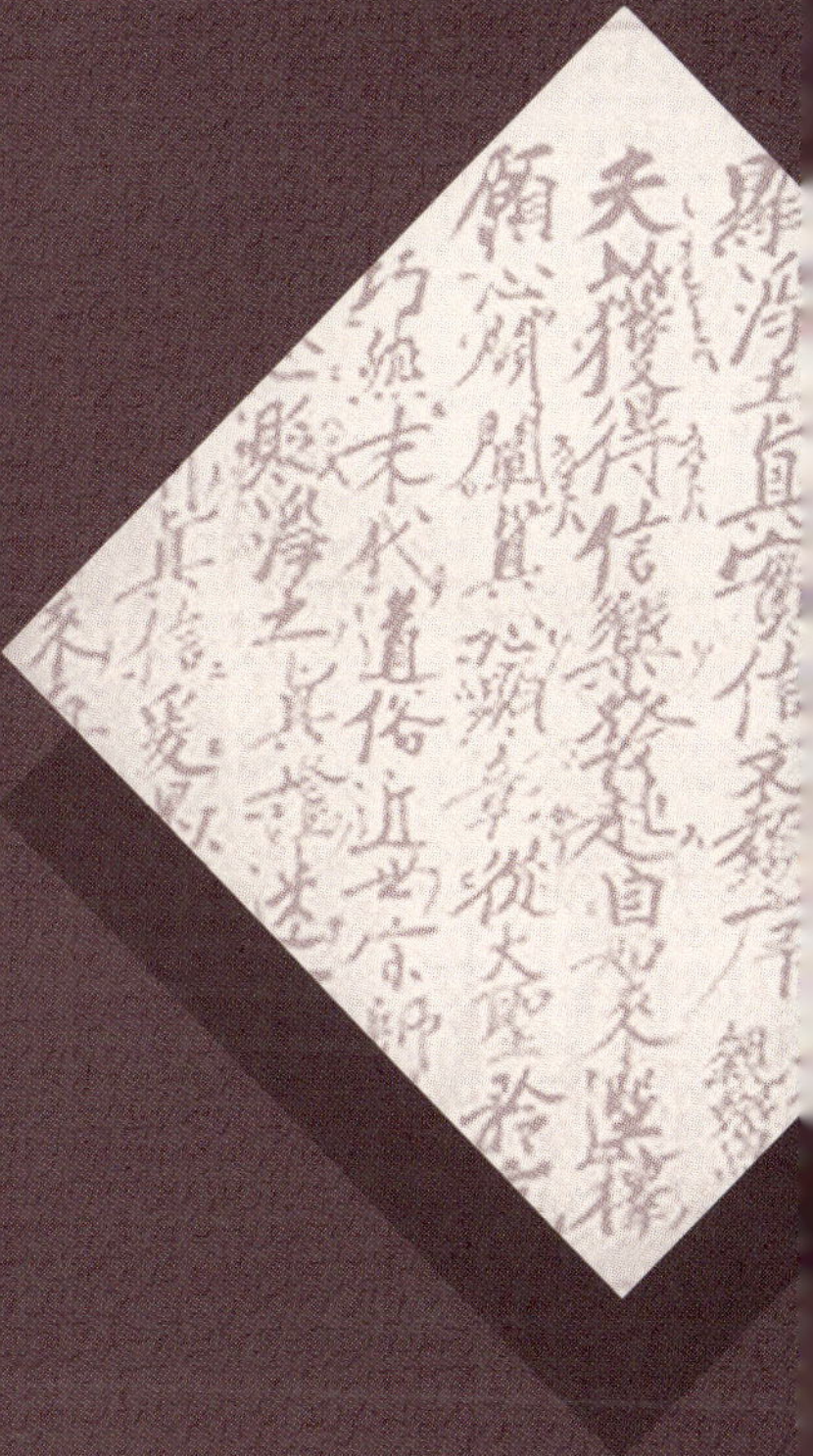

［序］

竊《ひそ》かに以《おもん》みれば、難思《なんし》の弘誓《ぐぜい》は難度海《なんどかい》を度《ど》する大船《たいせん》、無碍《むげ》の光明《こうみょう》は無明《むみょう》の闇《あん》を破する恵日《えにち》なり。しかればすなわち、浄邦縁熟《じょうほうえんじゅく》して、調達《じょうだつ》、闍世《じゃせ》をして逆害を興ぜしむ。浄業機彰《じょうごうきあらわ》れて、釈迦《しゃか》、韋提《いだい》をして安養《あんにょう》を選ばしめたまえり。これすなわち権化《ごんけ》の仁《にん》、斉《ひと》しく苦悩《くのう》の群萌《ぐんもう》を救済《くさい》し、世雄《せおう》の悲、正しく逆謗《ぎゃくほう》闡提《せんだい》を恵まんと欲《おぼ》す。かるがゆえに知りぬ。円融《えんゆう》至徳の嘉号《かごう》は、悪を転じて徳を成《な》す正智《しょうち》、難信金剛《こんごう》の信楽《しんぎょう》は、疑いを除き証《さとり》を獲《え》しむる真理なりと。しかれば、凡小《ぼんしょう》修し易《やす》き真教、愚鈍《ぐどん》往《ゆ》き易《やす》き捷径《せっけい》なり。大聖《だいしょう》一代の教、この徳海にしくなし。穢《え》を捨て浄《じょう》を欣《ねが》い、行《ぎょう》に迷《まど》い信に惑《まど》い、心昏《くら》く識寡《さとりすく》なく、悪重く障《さわり》多きもの、特《こと》に如来の発遣《はっけん》を仰ぎ、必ず最勝の直道《じきどう》に帰して、専らこの行《ぎょう》に奉《つか》え、ただこの信を崇《あが》めよ。ああ、弘誓《ぐぜい》の強縁《ごうえん》、多生《たしょう》にも値《もうあ》いがたく、真実の浄信《じょうしん》、億劫《おっこう》にも獲《え》がたし。たまたま行信《ぎょうしん》を獲《え》ば、遠く宿縁を慶《よろこ》べ。もしまたこのたび疑網《ぎもう》に覆蔽《ふへい》せられば、かえってまた曠劫《こうごう》を径歴《きょうりゃく》せん。誠なるかなや、摂《せっ》取不捨《しゅふしゃ》の真言《しんごん》、超世希有《ちょうせけう》の正法《しょうぼう》、聞思して遅慮《ちりょ》することなかれ。ここに愚禿釈《ぐとくしゃく》の親鸞《しんらん》、慶《よろこ》ばしいかな、西蕃《せいばん》・月支《がっし》の聖典《しょうでん》、東夏《とうか》・日域《じちいき》の師釈、遇《あ》いがたくして今遇《あ》うことを得たり。聞きがたくしてすでに聞くことを得たり。真宗の教行証《きょうぎょうしょう》を敬信《きょうしん》して、特《こと》に如来の恩徳の深きことを知りぬ。ここをもって、聞くところを慶《よろこ》び、獲《う》るところを嘆ずるなりと。

［教巻］

謹《つつし》んで浄土真宗を案ずるに、二種の回向《えこう》あり。一つには往相《おうそう》、二つには還相《げんそう》なり。往相《おうそう》の回向《えこう》について、真実の教行信証《きょうぎょうしんしょう》あり。

それ、真実の教《きょう》を顕《あらわ》さば、すなわち『大無量寿経《だいむりょうじゅきょう》』これなり。

この経の大意は、弥陀《みだ》、誓《ちか》いを超発《ちょうほつ》して、広く法蔵を開きて、凡小《ぼんしょう》を哀《あわ》れみて、選びて功徳の宝を施《せ》することをいたす。釈迦《しゃか》、世に出興《しゅっこう》して、道教を光闡《こうせん》して、群萌《ぐんもう》を拯《すく》い、恵《めぐ》むに真実の利をもってせんと欲《おぼ》してなり。ここをもって、如来の本願を説きて、経の宗致《しゅうち》とす。すなわち、仏の名号《みょうごう》をもって、経の体《たい》とするなり。

[行巻]1

謹《つつし》んで往相《おうそう》の回向《えこう》を案《あん》ずるに、大行《だいぎょう》あり、大信《だいしん》あり。大行《だいぎょう》とは、すなわち無碍光《むげこう》如来の名《みな》を称するなり。この行《ぎょう》は、すなわちこれもろもろの善法を摂《せっ》し、もろもろの徳本を具せり。極速《ごくそく》円満す、真如《しんにょ》一実の功徳宝海なり。かるがゆえに大行《だいぎょう》と名づく。しかるにこの行《ぎょう》は、大悲《だいひ》の願《がん》より出《い》でたり。すなわちこれ諸仏称揚《しょうよう》の願と名づけ、また諸仏称名《しょうみょう》の願と名づく、また諸仏咨嗟《ししゃ》の願と名づく。また往相回向《おうそうえこう》の願と名づくべし、また選択称名《せんじゃくしょうみょう》の願と名づくべきなり。

[行巻]2

しかれば名《みな》を称するに、能《よ》く衆生《しゅじょう》の一切の無明《むみょう》を破し、能く衆生《しゅじょう》の一切の志願を満てたまう。称名《しょうみょう》はすなわちこれ最勝真妙の正業《しょうごう》なり。正業《しょうごう》はすなわちこれ念仏なり。念仏はすなわちこれ南無阿弥陀仏《なむあみだぶつ》なり。南無阿弥陀仏《なむあみだぶつ》はすなわちこれ正念《しょうねん》なりと、知るべしと。

[行巻] 3

しかれば、「南無」の言《ごん》は帰命《きみょう》なり。「帰」の言は、至なり。また帰説《きえつ》「よりたのむなり」なり、説《せつ》の字、悦《えつ》の音《こえ》、また帰説《きさい》「よりかかるなり」なり、説《せつ》の字は、税《さい》の音《こえ》、悦税《えつさい》二つの音は告《つ》ぐるなり、述《のぶ》なり、人の意《こころ》を宣述《のぶ》るなり。「命」の言は、業《ごう》なり、招引《まねきひく》なり、使なり、教なり、道なり、信なり、計《はからう》なり、召《めす》なり。ここをもって、「帰命《きみょう》」は本願招喚《しょうかん》の勅命なり。「発願回向《ほつがんえこう》」と言うは、如来《にょらい》すでに発願《ほつがん》して、衆生《しゅじょう》の行《ぎょう》を回施《えせ》したまうの心なり。「即是其行《そくぜごぎょう》」と言うは、すなわち選択《せんじゃく》本願これなり。「必得往生《ひっとくおうじょう》」と言うは、不退の位に至ることを獲《う》ることを彰《あらわ》すなり。『経』（大経）には「即得《そくとく》」と言えり、『釈』（易行品）には「必定《ひつじょう》」と云《い》えり。「即《そく》」の言《ごん》は、願力《がんりき》を聞くに由《よ》って、報土の真因決定《けつじょう》する時剋《じこく》の極促《ごくそく》を光闡《こうせん》せるなり。「必」の言は、審《つばびらか》「あきらかなり」なり、然《しからしむる》なり、分極なり、金剛心《こんごうしん》成就の貌《かおばせ》なり。

[行巻] 4

明らかに知りぬ、これ凡聖自力《ぼんしょうじりき》の行《ぎょう》にあらず。かるがゆえに不回向《ふえこう》の行《ぎょう》と名づくるなり。大小の聖人《しょうにん》・重軽《じゅうきょう》の悪人、みな同じく斉《ひと》しく選択《せんじゃく》の大宝海《だいほうかい》に帰して、念仏成仏《じょうぶつ》すべし。

[行巻] 5

良《まこと》に知りぬ。徳号の慈父《じぶ》ましまさずは能生《のうしょう》の因闕《か》けなん。光明《こうみょう》の悲母《ひも》ましまさずは所生《しょしょう》の縁乖《そむ》きなん。能所《のうじょ》の因縁、和合すべしといえども、信心《しんじん》の業識《ごっしき》にあらずは光明土《こうみょうど》に到《いた》ることなし。真実信の業識、これすなわち内因とす。光明名《こうみょうみょう》の父母《ぶも》、これすなわち外縁《げえん》とす。内外《ないげ》の因縁和合して、報土の真身を得証す。

［行巻］6

「一乗海」と言うは、「一乗」は大乗なり。大乗は仏乗なり。一乗を得るは、阿耨多羅三藐三菩提《あのくたらさんみゃくさんぼだい》を得るなり。阿耨菩提はすなわちこれ涅槃界《ねはんがい》なり。涅槃界はすなわちこれ究竟法身《くきょうほっしん》なり。究竟法身を得るは、すなわち一乗を究竟《くきょう》するなり。如来に異なることましまさず、法身に異なることましまさず。如来はすなわち法身なり。一乗を究竟するは、すなわちこれ無辺不断なり。大乗は、二乗・三乗あることなし。二乗・三乗は、一乗に入《い》らしめんとなり。一乗はすなわち第一義乗なり。ただこれ、誓願《せいがん》一仏乗なり。

［行巻］7

「海」と言うは、久遠《くおん》よりこのかた、凡聖所修《ぼんしょうしょしゅ》の雑修雑善《ざっしゅぞうぜん》の川水《せんすい》を転じ、逆謗闡提恒沙無明《ぎゃくほうせんだいごうじゃむみょう》の海水を転じて、本願大悲智慧《ちえ》真実恒沙《ごうじゃ》万徳の大宝海水と成る、これを海のごときに喩《たと》うるなり。良《まこと》に知りぬ、経に説きて「煩悩《ぼんのう》の氷解《と》けて功徳の水と成る」と言《のたま》えるがごとし。已上

願海は二乗雑善《ぞうぜん》の中下の屍骸《しがい》を宿さず。いかにいわんや、人天の虚仮邪偽《こけじゃぎ》の善業《ぜんごう》、雑毒雑心《ぞうどくざっしん》の屍骸《しがい》を宿さんや。

［行巻］8

しかれば大聖《だいしょう》の真言《しんごん》に帰し、大祖《だいそ》の解釈《げしゃく》に閲《えつ》して、仏恩の深遠《じんのん》なるを信知して、正信念仏偈《しょうしんねんぶつげ》を作りて曰《い》わく、

無量寿《むりょうじゅ》如来に帰命《きみょう》し、不可思議《ふかしぎ》光に南無《なむ》したてまつる。
法蔵菩薩《ほうぞうぼさつ》の因位の時、世自在王仏《せじざいおうぶつ》の所《みもと》にましまして、
諸仏の浄土《じょうど》の因、国土人天の善悪を覩見《とけん》して、
無上殊勝《しゅしょう》の願を建立《こんりゅう》し、希有《けう》の大弘誓《だいぐぜい》を超発《ちょうほつ》せり。
五劫《ごこう》、これを思惟《しゆい》して摂受《しょうじゅ》す。重ねて誓《ちか》うらくは、名声《みょうしょう》十方に聞こえんと。
あまねく、無量・無辺光、無碍《むげ》・無対《むたい》・光炎《こうえん》王、
清浄《しょうじょう》・歓喜・智慧《ちえ》光、不断・難思・無称光、
超日月光《ちょうにちがっこう》を放って、塵刹《じんせつ》を照らす。一切の群生《ぐんじょう》、光照を蒙《かぶ》る。
本願の名号《みょうごう》は正定《しょうじょう》の業《ごう》なり。至心信楽《しんぎょう》の願を因とす。
等覚を成《な》り、大涅槃《だいねはん》を証することは、必至滅度《ひっしめつど》の願成就なり。
如来、世に興出したまうゆえは、ただ弥陀《みだ》本願海を説かんとなり。
五濁《ごじょく》悪時の群生海《ぐんじょうかい》、如来如実《にょじつ》の言《みこと》を信ずべし。
よく一念喜愛の心を発《ほっ》すれば、煩悩《ぼんのう》を断ぜずして涅槃《ねはん》を得るなり。
凡聖《ぼんしょう》、逆謗《ぎゃくほう》、ひとしく回入《えにゅう》すれば、衆水、海に入りて一味なるがごとし。
摂取《せっしゅ》の心光、常に照護したまう。すでによく無明《むみょう》の闇《あん》を破すといえども、
貪愛《とんない》・瞋憎《しんぞう》の雲霧《うんむ》、常に真実信心《しんじん》の天に覆《おお》えり。

たとえば、日光の雲霧《うんむ》に覆《おお》わるれども、雲霧の下《した》、明らかにして闇《くら》きことなきがごとし。
信を獲れば見て敬い大きに慶喜せん、すなわち横に五悪趣《しゅ》を超截《ちょうぜつ》す。
一切善悪の凡夫人《ぼんぶにん》、如来の弘誓願《ぐぜいがん》を聞信すれば、
仏、広大勝解《しょうげ》の者と言《のたま》えり。この人《ひと》を分陀利華《ふんだりけ》と名づく。
弥陀仏《みだぶつ》の本願念仏は、邪見憍慢《じゃけんきょうまん》の悪衆生《あくしゅじょう》、
信楽《しんぎょう》受持すること、はなはだもって難《かた》し。難の中の難、これに過ぎたるはなし。

[行巻] 9
印度《いんど》・西天《さいてん》の論家《ろんげ》、中夏《ちゅうか》・日域《じちいき》の高僧《こうそう》、
大聖《だいしょう》興世の正意《しょうい》を顕《あらわ》し、如来の本誓《ほんぜい》、機《き》に応ぜることを明かす。
釈迦《しゃか》如来、楞伽山《りょうがせん》にして、衆《しゅう》のために告命《ごうみょう》したまわく、
南天竺《なんてんじく》に、龍樹大士《りゅうじゅだいじ》世に出《い》でて、ことごとく、よく有無《うむ》の見を摧破《ざいは》せん。
大乗無上の法を宣説《せんぜつ》し、歓喜地《かんぎじ》を証して、安楽に生ぜん、と。
難行《なんぎょう》の陸路《ろくろ》、苦しきことを顕示《けんじ》して、易行《いぎょう》の水道、楽しきことを信楽《しんぎょう》せしむ。
弥陀仏の本願を憶念《おくねん》すれば、自然《じねん》に即《そく》の時、必定《ひつじょう》に入《い》る。
ただよく、常に如来の号《みな》を称して、大悲弘誓《ぐぜい》の恩を報ずべし、といえり。
天親菩薩《てんじんぼさつ》、論を造りて説かく、無碍《むげ》光如来に帰命《きみょう》したてまつる。
修多羅《しゅたら》に依《よ》って真実を顕《あらわ》して、横超《おうちょう》の大誓願《だいせいがん》を光闡《こうせん》す。

広く本願力《りき》の回向《えこう》に由《よ》って、群生《ぐんじょう》を度せんがために、一心を彰《あらわ》す。
功徳大宝海に帰入すれば、必ず大会衆《だいえしゅ》の数《かず》に入《い》ることを獲《う》。
蓮華蔵《れんげぞう》世界に至ることを得れば、すなわち真如法性《しんにょほっしょう》の身を証せしむと。
煩悩《ぼんのう》の林に遊びて神通《じんずう》を現じ、生死《しょうじ》の園《その》に入《い》りて応化《おうげ》を示す、といえり。
本師《ほんじ》、曇鸞《どんらん》は、梁《りょう》の天子　常に鸞《らん》のところに向こうて菩薩《ぼさつ》と礼したてまつる。
三蔵流支《さんぞうるし》、浄教《じょうきょう》を授けしかば、仙経《せんぎょう》を焚焼《ぼんしょう》して楽邦《らくほう》に帰したまいき。
天親菩薩《てんじんぼさつ》の『論』、註解《ちゅうげ》して、報土の因果、誓願《せいがん》に顕《あらわ》す。
往《おう》・還《げん》の回向《えこう》は他力《たりき》に由《よ》る。正定《しょうじょう》の因はただ信心《しんじん》なり。
惑染《わくぜん》の凡夫《ぼんぶ》、信心発《ほっ》すれば、生死即涅槃《しょうじそくねはん》なりと証知せしむ。
必ず無量光明《こうみょう》土に至れば、諸有《しょう》の衆生《しゅじょう》、みなあまねく化《け》すといえり。
道綽《どうしゃく》、聖道《しょうどう》の証しがたきことを決して、ただ浄土《じょうど》の通入すべきことを明かす。
万善の自力《じりき》、勤修《ごんしゅ》を貶《へん》す。円満の徳号、専称を勧む。
三不三信の誨《おしえ》、慇懃《おんごん》にして、像末法滅《ぞうまつほうめつ》、同じく悲引す。
一生《いっしょう》悪を造れども、弘誓《ぐぜい》に値《もうあ》いぬれば、安養界《あんにょうかい》に至りて妙果《みょうか》を証せしむと、いえり。
善導《ぜんどう》独り、仏の正意《しょうい》を明かせり。定散《じょうさん》と逆悪とを矜哀《こうあい》して、
光明名号《こうみょうみょうごう》、因縁を顕《あらわ》す。本願の大智海《だいちかい》に開入すれば、
行者《ぎょうじゃ》、正《まさ》しく金剛《こんごう》心を受けしめ、慶喜《きょうき》の一念相応して後《のち》、
韋提《いだい》と等しく三忍《さんにん》を獲《え》、すなわち法性《ほっしょう》の常楽を証せしむ、といえり。

源信《げんしん》、広く一代の教を開きて、ひとえに安養《あんにょう》に帰して、一切を勧む。
専雑《せんぞう》の執心《しゅうしん》、浅深《せんじん》を判じて、報化二土、正《まさ》しく弁立《べんりゅう》せり。
極重の悪人は、ただ仏を称すべし。我《われ》また、かの摂取《せっしゅ》の中にあれども、
煩悩、眼《まなこ》を障《さ》えて見たてまつらずといえども、
大悲倦《もの》うきことなく、常に我《われ》を照したまう、といえり。
本師《ほんじ》・源空は、仏教に明らかにして、善悪の凡夫《ぼんぶ》人を憐愍《れんみん》せしむ。
真宗の教証、片州《へんしゅう》に興《おこ》す。選択《せんじゃく》本願、悪世に弘《ひろ》む。
生死輪転《しょうじりんでん》の家に還来《かえ》ることは、決するに疑情をもって所止とす。
速やかに寂静無為《じゃくじょうむい》の楽《みやこ》に入《い》ることは、必ず信心《しんじん》をもって能入とす、といえり。
弘経《ぐきょう》の大士《だいじ》・宗師等、無辺の極濁悪《ごくじょくあく》を拯済《じょうさい》したまう。
道俗時衆《どうぞくじしゅう》、共に同心に、ただこの高僧《こうそう》の説を信ずべし、と。
六十行《こう》、すでに畢《おわ》りぬ。一百二十句なり。

［信巻］序

それ以《おもん》みれば、信楽《しんぎょう》を獲得《ぎゃくとく》することは、如来選択《にょらいせんじゃく》の願心より発起《ほっき》す、真心《しんしん》を開闡《かいせん》することは、大聖《だいしょう》矜哀《こうあい》の善巧《ぜんぎょう》より顕彰《けんしょう》せり。

しかるに末代の道俗・近世《ごんせ》の宗師、自性唯心《じしょうゆいしん》に沈《しず》みて浄土の真証を貶《へん》す、定散《じょうさん》の自心に迷《まど》いて金剛《こんごう》の真信に昏《くら》し。ここに愚禿釈《ぐとくしゃく》の親鸞《しんらん》、諸仏如来《しょぶつにょらい》の真説に信順して、論家《ろんげ》・釈家《しゃっけ》の宗義を披閲《ひえつ》す。広く三経《さんぎょう》

の光沢《こうたく》を蒙《かぶ》りて、特《こと》に一心の華文《かもん》を開く。しばらく疑問を至《いた》してついに明証《みょうしょう》を出《い》だす。誠に仏恩《ぶっとん》の深重《じんじゅう》なるを念じて、人倫《じんりん》の哢言《ろうげん》を恥じず。浄邦《じょうほう》を欣《ねが》う徒衆《としゅう》、穢域《えいき》を厭《いと》う庶類《しょるい》、取捨を加うといえども、毀謗《きほう》を生ずることなかれ、と。

[信巻]1

謹《つつし》んで往相《おうそう》の回向《えこう》を案ずるに、大信有り。

大信心はすなわちこれ、長生不死《ちょうせいふし》の神方《しんぽう》、欣浄厭穢《ごんじょうえんえ》の妙術《みょうじゅつ》、選択回向《せんじゃくえこう》の直心《じきしん》、利他深広《りたじんこう》の信楽《しんぎょう》、金《こん》剛不壊《ごうふえ》の真心、易往無人《いおうむにん》の浄信《じょうしん》、心光摂護《しんこうしょうご》の一心、希有最勝《けうさいしょう》の大信、世間難信の捷径《せっけい》、証大涅槃《しょうだいねはん》の真因、極速円融《ごくそくえんゆう》の白道《びゃくどう》、真如一実《しんにょいちじつ》の信海なり。

この心すなわちこれ念仏往生《ねんぶつおうじょう》の願より出《い》でたり。この大願《だいがん》を選択本願《せんじゃくほんがん》と名づく。また本願三心《ほんがんさんしん》の願と名づく、また至心信楽の願と名づく。また往相信心《おうそうしんじん》の願と名づくべきなり。

しかるに常没《じょうもつ》の凡愚《ぼんぐ》・流転《るてん》の群生《ぐんじょう》、無上妙果《むじょうみょうか》の成じがたきにあらず、真実の信楽《しんぎょう》実《まこと》に獲《う》ること難《かた》し。何をもってのゆえに。いまし如来《にょらい》の加威力《かいりき》に由《よ》るがゆえなり。博《ひろ》く大悲広慧《だいひこうえ》の力に因《よ》るがゆえなり。たまたま浄信《じょうしん》を獲《え》ば、この心顛倒《しんてんどう》せず、この心虚偽《しんこぎ》ならず。ここをもって極悪深重《ごくあくじんじゅう》の衆生《しゅじょう》、大慶喜《だいきょうき》心を得《え》、もろもろの聖尊《しょうそん》の重愛《じゅうあい》を獲《う》るなり。

[信巻]2

しかれば、もしは行・もしは信、一事として阿弥陀如来《あみだにょらい》の清浄願心《しょうじょうがんしん》の回向成就《えこうじょうじゅ》したまうところにあらざることとあることとなし。因なくして他の因のあるにはあらざるなりと。知るべし。

問う。如来《にょらい》の本願、すでに至心・信楽《しんぎょう》・欲生《よくしょう》の誓《ちか》いを発《おこ》したまえり。何をもってのゆえに論主《ろんじゅ》「一心」と言うや。答う。愚鈍《ぐどん》の衆生《しゅじょう》、解了易《げりょうやす》からしめんがために、弥陀如来《みだにょらい》、三心を発《おこ》したまうといえども、涅槃《ねはん》の真因はただ信心をもってす。このゆえに論主《ろんじゅ》、三を合《がっ》して一と為《せ》るか。私《わたくし》に三心の字訓を闚《うかが》うに、三はすなわち一なるべし。その意何《こころいか》んとなれば、「至心」と言うは、「至」はすなわちこれ真なり、実なり、誠《じょう》なり。「心」はすなわちこれ種なり、実なり。「信楽《しんぎょう》」と言うは、「信」はすなわちこれ真なり、実なり、誠《じょう》なり、満なり、極《ごく》なり、成《じょう》なり、用《ゆう》なり、重なり、審《しん》なり、験《けん》なり、宣なり、忠《ちゅう》なり。「楽《ぎょう》」はすなわちこれ欲なり、願なり、愛なり、悦《えつ》なり、歓なり、喜なり、賀なり、慶なり。「欲生」と言うは、「欲」はすなわちこれ願なり、楽《ぎょう》なり、覚なり、知なり。「生」はすなわちこれ成《じょう》なり、作《さ》なり、為なり、興《こう》なり。

明らかに知りぬ、「至心」はすなわちこれ真実誠種《しんじつじょうしゅ》の心なるがゆえに、疑蓋雑《ぎがいまじ》わることなきなり。「信《しん》楽《ぎょう》」はすなわちこれ真実誠満《しんじつじょうまん》の心なり、極成用重《ごくじょうゆうじゅう》の心なり、審験宣忠《しんけんせんちゅう》の心なり、欲願愛悦《よくがんあいえつ》の心なり、歓喜賀慶《かんぎがけい》の心なるがゆえに、疑蓋雑《ぎがいまじ》わることなきなり。「欲生」はすなわちこれ願楽覚知《がんぎょうかくち》の心なり、成《じょう》作為興《さいこう》の心なり、大悲回向の心なるがゆえに、疑蓋雑《ぎがいまじ》わることなきなり。今三心の字訓を案《あん》ずるに、真実の心にして虚仮雑《こけまじ》わることなし、正直の心にして邪偽雑《じゃぎまじ》わることなし。真《まこと》に知りぬ、疑蓋間雑《ぎがいけんぞう》なきがゆえに、これを「信楽《しんぎょう》」と名づく。「信楽《しんぎょう》」はすなわちこれ一心なり。一心はすなわちこれ真実信心なり。このゆえに論主建《ろんじゅはじ》めに「一心」と言えるなり、と。知るべし。

［信巻］３

また問う。字訓のごとき、論主《ろんじゅ》の意、三をもって一とせる義、その理しかるべしといえども、愚悪《ぐあく》の衆生のために、阿弥陀如来《あみだにょらい》すでに三心の願を発《おこ》したまえり、云何《いかん》が思念せんや。答う。仏意測《はか》り難《がた》し、しかりといえども窃《ひそ》かにこの心を推するに、一切の群生海《ぐんじょうかい》、無始よりこのかた乃至《ないし》今日今時に至るまで、穢悪汚染《えあくわぜん》にして清浄《しょうじょう》の心なし。虚仮諂偽《こけてんぎ》にして真実の心なし。ここをもって如来、一切苦悩の衆生海《しゅじょうかい》を悲憫《ひびん》して、不可思議兆載永劫《ふかしぎちょうさいようごう》において、菩薩《ぼさつ》の行を行じたまいし時、三業の所修、一念・一刹那《いっせつな》も清《しょう》浄《じょう》ならざることなし、真心ならざることなし。如来、清浄《しょうじょう》の真心をもって、円融無碍《むげ》・不可思議・不可《ふか》称《しょう》・不可説の至徳を成就したまえり。如来の至心をもって、諸有《しょう》の一切煩悩《ぼんのう》・悪業・邪智《じゃち》の群生海《ぐんじょうかい》に回施したまえり。すなわちこれ利他の真心を彰《あらわ》す。かるがゆえに、疑蓋雑《ぎがいまじ》わることなし。この至心はすなわちこれ至徳の尊号をその体とせるなり。

［信巻］４

次に「信楽《しんぎょう》」というは、すなわちこれ如来の満足大悲・円融無碍《えんゆうむげ》の信心海なり。このゆえに疑蓋間雑《ぎがいけんぞう》あることなし、かるがゆえに「信楽《しんぎょう》」と名づく。すなわち利他回向の至心をもって、信楽《しんぎょう》の体とするなり。しかるに無始より已来《このかた》、一切群生海《いっさいぐんじょうかい》、無明海《むみょうかい》に流転し、諸有輪《しょうりん》に沈迷《ちんめい》し、衆苦輪《しゅくりん》に繋縛《けばく》せられて、清《しょう》浄《じょう》の信楽《しんぎょう》なし。法爾《ほうに》として真実の信楽《しんぎょう》なし。ここをもって無上功徳、値遇《ちぐう》しがたく、最勝の浄信、獲得《ぎゃくとく》しがたし。一切凡小《いっさいぼんしょう》、一切時の中に、貪《とん》愛の心常によく善心を汚《けが》し、瞋憎《しんぞう》の心常によく法財を焼く。急《きゅう》作急修《さきゅうしゅ》して頭燃《ずねん》を灸《はら》うがごとくすれども、すべて「雑毒《ぞうどく》・雑修《ざっしゅ》の善」と名づく。また「虚仮《こけ》・諂偽《てんぎ》の行」

と名づく。「真実の業」と名づけざるなり。この虚仮《こけ》・雑毒《ぞうどく》の善をもって、無量光明土《むりょうこうみょうど》に生まれんと欲する、これ必ず不可なり。何をもってのゆえに、正《まさ》しく如来、菩薩《ぼさつ》の行を行じたまいし時、三業の所修、乃至《ないし》一念・一刹那《いっせつな》も疑蓋雑《ぎがいまじ》わることなきに由《よ》ってなり。この心はすなわち如来の大悲心なるがゆえに、必ず報土の正定《しょうじょう》の因と成る。如来、苦悩の群生海《ぐんじょうかい》を悲憐《ひれん》して、無碍《むげ》広大の浄信をもって諸有海《しょうかい》に回施《えせ》したまえり。これを「利他真実の信心」と名づく。

[信巻]５

次に「欲生《よくしょう》」と言うは、すなわちこれ如来、諸有《しょうう》の群生《ぐんじょう》を招喚《しょうかん》したまうの勅命《ちょくめい》なり。すなわち真実の信楽《しんぎょう》をもって欲生の体とするなり。誠にこれ、大小・凡聖《ぼんしょう》・定散《じょうさん》・自力の回向《えこう》にあらず。かるがゆえに「不回向」と名づくるなり。しかるに微塵界《みじんかい》の有情《うじょう》、煩悩海《ぼんのうかい》に流転し、生死海《しょうじかい》に漂没《ひょうもつ》して、真実の回向心なし、清浄《しょうじょう》の回向心なし。このゆえに如来、一切苦悩の群生海《ぐんじょうかい》を矜哀《こうあい》して、菩薩《ぼさつ》の行を行じたまいし時、三業の所修、乃至《ないし》一念一刹那《いちねんいっせつな》も、回向心を首《しゅ》として、大悲心を成就することを得たまえるがゆえに。利他真実の欲生心《よくしょうしん》をもって諸有海《しょうかい》に回施《えせ》したまえり。欲生はすなわちこれ回向心なり。これすなわち大悲心なるがゆえに、疑蓋雑《ぎがいまじ》わることなし。

[信巻]６

信《まこと》に知りぬ。「至心」・「信楽《しんぎょう》」・「欲生」、その言異《ことば》なりといえども、その意惟《これ》一なり。何をもってのゆえに、三心すでに疑蓋雑《ぎがいまじ》わることなし。かるがゆえに真実の一心なり、これを「金剛《こんごう》の真心」と名づく。

金剛の真心、これを「真実の信心」と名づく。真実の信心は必ず名号《みょうごう》を具す。名号は必ずしも願力の信心を具せざるなり。このゆえに論主建《ろんじゅはじ》めに「我一心《がいっしん》」と言《のたま》えり。また「如彼名義欲如実修行相応故《にょひみょうぎよくにょじつしゅぎょうそうおうこ》」と言《のたま》えり。

おおよそ大信海を案《あん》ずれば、貴賤《きせん》・緇素《しそ》を簡《えら》ばず、男女《なんにょ》・老少を謂《い》わず、造罪の多少を問わず、修行の久近《くごん》を論ぜず、行にあらず・善にあらず、頓《とん》にあらず・漸《ぜん》にあらず、定《じょう》にあらず・散《さん》にあらず、正観《しょうかん》にあらず・邪観《じゃかん》にあらず、有念《うねん》にあらず・無念にあらず、尋常《じんじょう》にあらず・臨終にあらず、多念にあらず・一念にあらず、ただこれ不可思議・不可説・不可称の信楽《しんぎょう》なり。たとえば阿伽陀薬《あかだやく》のよく一切の毒を滅するがごとし。如来誓願《にょらいせいがん》の薬は、よく智愚《ちぐ》の毒を滅するなり。

［信巻］７

それ真実信楽《しんぎょう》を案《あん》ずるに、信楽に一念あり。「一念」は、これ信楽開発《しんぎょうかいほつ》の時剋《じこく》の極促《ごくそく》を顕《あらわ》し、広大難思の慶心《きょうしん》を彰《あらわ》すなり。

［信巻］８

しかるに『経』に「聞《もん》」と言うは、衆生《しゅじょう》、仏願の生起《しょうき》・本末《ほんまつ》を聞きて疑心あることなし。これを「聞」と曰《い》うなり。「信心」と言うは、すなわち本願力回向《えこう》の信心なり。「歓喜《かんぎ》」と言うは、身心の悦予《えつよ》の貌《かおばせ》を形《あらわ》すなり。「乃至《ないし》」と言うは、多少を摂《せっ》するの言《ことば》なり。「一念」と言うは、信心二心なきがゆえに「一念」と曰《い》う。これを「一心」と名づく。一心はすなわち清浄報土《しょうじょうほうど》の真因なり。金剛《こんごう》の真心を獲得《ぎゃくとく》すれば、横《おう》に五趣《ごしゅ》・八難の道を超《こ》え、必ず現生《げんしょう》に十種の益《やく》を獲《う》。何者か十とする。一つには冥衆護持《みょうしゅごじ》の益《やく》、二つには至徳具足の益、三つには転悪成善の益、四つには諸仏護念の益、五つには諸仏称讃《しょぶつしょうさん》の益、六つには心光常護の益、七つには心多歓喜《しんたかんぎ》の益、八つには知恩報徳の益、九つには常行大悲の益、十には正定聚《しょうじょうじゅ》に入る益なり。

[信巻] 9
「真仏弟子《しんぶつでし》」と言うは、「真」の言《ごん》は偽《ぎ》に対し、仮《け》に対するなり。「弟子」とは釈迦《しゃか》・諸仏の弟子なり、金剛心《こんごうしん》の行人《ぎょうにん》なり。この信・行に由《よ》って、必ず大涅槃《だいねはん》を超証《ちょうしょう》すべきがゆえに、「真仏弟子」と曰《い》う。

[信巻] 10
誠《まこと》に知りぬ。悲しきかな、愚禿鸞《ぐとくらん》、愛欲の広海に沈没《ちんもつ》し、名利《みょうり》の太山《たいせん》に迷惑《めいわく》して、定聚《じょうじゅ》の数《かず》に入《い》ることを喜ばず、真証の証に近づくことを快《たの》しまざることを、恥《は》ずべし、傷《いた》むべし、と。

[証巻] 1
謹《つつし》んで真実証《しんじつしょう》を顕《あらわ》さば、すなわちこれ利他円満の妙位《みょうい》、無上涅槃《ねはん》の極果《ごっか》なり。すなわちこれ必至滅度《ひっしめつど》の願《がん》より出《い》でたり。また証大涅槃《しょうだいねはん》の願《がん》と名づくるなり。しかるに煩悩成就《ぼんのうじょうじゅ》の凡夫《ぼんぶ》、生死罪濁《しょうじざいじょく》の群萌《ぐんもう》、往相回向《おうそうえこう》の心行《しんぎょう》を獲《う》れば、即《そく》の時に大乗正定聚《だいじょうしょうじょうじゅ》の数《かず》に入るなり。正定聚《しょうじょうじゅ》に住するがゆえに、必ず滅《めつ》度《ど》に至る。必ず滅度《めつど》に至るは、すなわちこれ常楽《じょうらく》なり。常楽《じょうらく》はすなわちこれ畢竟寂滅《ひっきょうじゃくめつ》なり。寂滅《じゃくめつ》はす

なわちこれ無上涅槃《むじょうねはん》なり。無上涅槃《むじょうねはん》はすなわちこれ無為法身《むいほっしん》なり。無為法身《むいほっしん》はすなわちこれ実相《じっそう》なり。実相《じっそう》はすなわちこれ法性《ほっしょう》なり。法性《ほっしょう》はすなわちこれ真如《しんにょ》なり。真如《しんにょ》はすなわちこれ一如《いちにょ》なり。しかれば弥陀如来《みだにょらい》は如《にょ》より来生《らいしょう》して、報《ほう》・応《おう》・化《け》種種の身を示し現わしたまうなり。

［証巻］２

それ真宗の教行信証《きょうぎょうしんしょう》を案ずれば、如来《にょらい》の大悲回向《だいひえこう》の利益《りやく》なり。かるがゆえに、もしは因もしは果、一事として阿弥陀如来《あみだにょらい》の清浄願心《しょうじょうがんしん》の回向成就《えこうじょうじゅ》したまえるところにあらざることあることなし。因浄《じょう》なるがゆえに、果また浄なり。知るべしとなり。

二つに還相《げんそう》の回向《えこう》と言うは、すなわちこれ利他教化地《りたきょうけじ》の益《やく》なり。すなわちこれ「必至補処《ひっしふしょ》の願」より出《い》でたり。また「一生補処《いっしょうふしょ》の願」と名づく。また「還相回向《げんそうえこう》の願」と名づくべきなり。

［真仏土巻］１

謹《つつし》んで真仏土を案《あん》ずれば、仏はすなわちこれ不可思議光如来《ふかしぎこうにょらい》なり、土はまたこれ無量光明土《むりょうこうみょうど》なり。しかればすなわち大悲《だいひ》の誓願《せいがん》に酬報《しゅうほう》するがゆえに、真の報仏土と曰《い》うなり。すでにして願《がん》います、すなわち光明《こうみょう》・寿命《じゅみょう》の願これなり。

［真仏土巻］２

それ報を案ずれば、如来の願海に由《よ》って果成《かじょう》の土を酬報《しゅうほう》せり。かるがゆえに報と曰《い》うなり。

しかるに願海について、真あり仮あり。ここをもってまた仏土について、真あり、仮あり。選択本願《せんじゃくほんがん》の正因に由《よ》って、真仏土を成就せり。真仏と言うは、『大経』には「無辺光仏・無碍光仏」と言《のたま》えり。また「諸仏中の王なり、光明《こうみょう》中の極尊なり」（大阿弥陀経）と言《のたま》えり。已上　『論』（浄土論）には「帰命《きみょう》尽十方無碍光如来《じんじっぽうむげこうにょらい》」と曰《い》えるなり。真土と言うは、『大経』には「無量光明土」（平等覚経）と言《のたま》えり。あるいは「諸智土《しょちど》」（如来会）と言《のたま》えり。已上　『論』には「究竟《くきょう》して虚空《こくう》のごとし、広大にして辺際なし」と曰《い》うなり。（中略）仮《け》の仏土とは、下にありて知るべし。すでにもって真仮《しんけ》みなこれ大悲の願海に酬報《しゅうほう》せり。かるがゆえに知りぬ、報仏土なりということを。良《まこと》に仮の仏土の業因千差《ごういんせんじゃ》なれば、土もまた千差なるべし。これを「方便化身《けしん》・化土《けど》」と名づく。真仮を知らざるに由《よ》って、如来広大の恩徳を迷失す。これに因《よ》って、いま真仏・真土を顕《あらわ》す。これすなわち真宗の正意なり。経家・論家の正説、浄土宗師の解義《げぎ》、仰《あお》いで敬信《きょうしん》すべし、特《こと》に奉持《ぶじ》すべきなり。知るべしとなり。

［化身土巻］1

謹《つつし》んで化身土《けしんど》を顕《あらわ》さば、仏は『無量寿仏観経《むりょうじゅぶつかんぎょう》』の説のごとし、真身観《しんしんかん》の仏これなり。土は『観経』の浄土《じょうど》これなり。また『菩薩処胎経《ぼさつしょたいきょう》』等の説のごとし、すなわち懈慢界《けまんがい》これなり。また『大無量寿経《だいむりょうじゅきょう》』の説のごとし、すなわち疑城胎宮《ぎじょうたいぐう》これなり。

しかるに濁世《じょくせ》の群萌《ぐんもう》、穢悪《えあく》の含識《がんしき》、いまし九十五種の邪道《じゃどう》を出でて、半満・権実《ごんじつ》の法門に入るといえども、真なる者は、はなはだもって難《かた》く、実なる者は、はなはだもって希《まれ》なり。偽《ぎ》なる者は、はなはだもって多く、虚《こ》なる者は、はなはだもって滋《しげ》し。ここをもって釈迦牟尼仏《しゃかむにぶつ》、福徳蔵《ふくとくぞう》を顕説して群生海《ぐんじょうかい》を誘引し、阿弥陀如来《あみだにょらい》、本《もと》誓願を発《おこ》してあまねく諸有海《しょうかい》を化《け》したまう。すでにして悲願います。「修諸功徳《しゅしょくどく》の願」と名づく、また「臨終現前《りんじゅげんぜん》の願」と名づく、また「現前導生《げんぜんどうしょう》の願」と名づく、また「来迎引接《らいこういんじょう》の願」と名づく。また「至心発願《ししんほつがん》の願」と名づくべきなり。

[化身土巻] 2

ここをもって、愚禿釈《ぐとくしゃく》の鸞《らん》、論主《ろんじゅ》の解義《げぎ》を仰ぎ、宗師の勧化《かんけ》に依って、久しく万行・諸善の仮門《けもん》を出《い》でて、永く双樹林下《そうじゅりんげ》の往生《おうじょう》を離《はな》る、善本《ぜんぽん》・徳本《とくほん》の真門に回入《えにゅう》して、ひとえに難思往生《なんしおうじょう》の心を発《おこ》しき。しかるにいま特に方便の真門を出《い》でて、選択《せんじゃく》の願海に転入せり、速やかに難思往生の心を離れて、難思議《なんしぎ》往生《おうじょう》を遂《と》げんと欲《おも》う。果遂《かすい》の誓《ちか》い、良《まこと》に由《ゆえ》あるかな。ここに久しく願海に入りて、深く仏恩《ぶっとん》を知れり。至徳を報謝せんがために、真宗の簡要《かんよう》を摭《ひろ》うて、恒常に不可思議の徳海を称念す。いよいよこれを喜愛し、特《こと》にこれを頂戴《ちょうだい》するなり。

[化身土巻] 3　後序

竊《ひそ》かに以《おもん》みれば、聖道《しょうどう》の諸教は行証《ぎょうしょう》久しく廃《すた》れ、浄土《じょうど》の真宗は証道いま盛《さかり》なり。しかるに諸寺の釈門、教《きょう》に昏《くら》くして真仮《しんけ》の門戸《もんこ》を知らず、洛都《らくと》の儒林《じゅりん》、行《ぎょう》に迷《まど》うて邪正《じゃしょう》の道路を弁《わきま》うることなし。ここをもって興福寺《こうぶくじ》の学徒、　太上天皇諱尊成《だいじょうてんのういみなたかなり》、今上諱為仁《きんじょういみなためひと》聖暦《せいれき》・承元丁の卯《しょうげんひのとう》の歳《とし》、仲春上旬《ちゅうしゅんしょうじゅん》の候《こう》に奏達《そうたつ》す。主上臣下《しゅしょうしんか》、法に背《そむ》き義に違《い》し、忿《いかり》を成し怨《うらみ》を結ぶ。これに因って、真宗興隆《こうりゅう》の大祖源空法師《たいそげんくうほっし》、ならびに門徒数輩《もんとすはい》、罪科《ざいか》を考えず、猥《みだ》りがわしく死罪に坐《つみ》す。

あるいは僧儀《そうぎ》を改めて姓名《しょうみょう》を賜《たも》うて、遠流《おんる》に処《しょ》す。予《よ》はその一なり。しかればすでに僧《そう》にあらず俗《ぞく》にあらず。このゆえに「禿《とく》」の字をもって姓《しょう》とす。空師ならびに弟子等《ら》、諸方の辺州に坐《つみ》して五年の居諸《きょしょ》を経たりき。　皇帝諱守成聖代《いみなもりなりせいだい》、建暦辛《けんりゃくかのと》の未《ひつじ》の歳《とし》、子月《しがつ》の中旬《ちゅうじゅん》第七日に、勅免《ちょくめん》を蒙りて、入洛《じゅらく》して已《い》後《ご》、空（源空）、洛陽《らくよう》の東山の西の麓《ふもと》、鳥部野《とりべの》の北の辺《ほとり》、大谷《おおたに》に居《い》たまいき。同じき二年 壬申《みずのえさる》寅月《いんがつ》の下《げ》旬《じゅん》第五日午《うま》の時、入滅《にゅうめつ》したまう。奇瑞《きずい》称計《しょうげ》すべからず。『別伝《べつでん》』に見えたり。

しかるに愚禿釈《ぐとくしゃく》の鸞《らん》、建仁辛《けんにんかのと》の酉《とり》の暦《れき》、雑行《ぞうぎょう》を棄《す》てて本願に帰す。元久乙《げんきゅうきのと》の丑《うし》の歳《とし》、恩恕《おんじょ》を蒙《かぶ》りて『選択《せんじゃく》』を書《しょ》しき。同じき年の初夏《そか》中旬《ちゅうじゅん》第四日に、「選択本願念仏集《せんじゃくほんがんねんぶつしゅう》」の内題の字、ならびに「南無阿《なむあ》弥陀仏《みだぶつ》　往生之業《おうじょうしごう》　念仏為本《ねんぶついほん》」と、「釈の綽空《しゃっくう》」の字と、空（源空）の真筆《しんぴつ》をもって、これを書かしめたまいき。同じき日、空の真影申《しんねいもう》し預かりて、図画《ずえ》し奉《たてまつ》る。同じき二年閏《うるう》七月下旬《げじゅん》第九日、真影《しんねい》の銘《めい》に、真筆《しんぴつ》をもって「南無阿弥陀仏《なむあみだぶつ》」と「若我成仏十方衆生《にゃくがじょうぶつじっぽうしゅじょう》　称我名号下至十声《しょうがみょうごうげしじっしょう》　若不生者不取正覚《にゃくふしょうじゃふしゅしょうがく》　彼《ひ》仏今現在成仏《ぶっこんげんざいじょうぶつ》　当知本誓重願不虚《とうちほんぜいじゅうがんふこ》　衆生称念必得往生《しゅじょうしょうねんひっとくおうじょう》」の真文《しんもん》とを書かしめたまう。また夢《ゆめ》の告《つげ》に依って、綽空《しゃくくう》の字を改めて、同じき日、御筆《ごひつ》をもって名の字を書かしめたまい畢《おわ》りぬ。本師聖人《ほんじしょうにん》、今年は七旬《じゅん》三の御歳《おんとし》なり。『選択本願念仏集《せんじゃくほんがんねんぶつしゅう》』は、禅定博陸月輪殿兼実《ぜんじょうはくりくつきのわどのかねざね》・法名円照《ほうみょうえんしょう》の教命《こうめい》に依って撰集《せんじゅ》せしむるところなり。真宗の簡要《かんよう》、念仏の奥義《おうぎ》、これに摂在《しょうざい》せり。見る者諭《さと》り易《やす》し。誠《まこと》にこれ、希有最勝《けうさいしょう》の華文《かもん》、無上甚深《じんじん》の宝典なり。年《とし》を渉《わた》り日を渉りて、その教誨《きょうけ》を蒙《かぶ》るの人、千万といえども、親《しん》と云《い》い疎《そ》と云い、この見写を獲《う》るの徒《ともがら》、はなはだもって難《かた》し。しかるに既《すで》に製作を書写し、真影を図画《ずえ》せり。これ専念正業《しょうごう》の徳なり、これ決定往生《けつじょうおうじょう》の徴《しるし》なり。仍《よ》って悲喜の涙《なみだ》を抑《おさ》えて由来《ゆらい》の縁を註《しる》す。

慶《よろこ》ばしいかな、心《しん》を弘誓《ぐぜい》の仏地《ぶつじ》に樹《た》て、念を難思《なんじ》の法海に流す。深く如来の矜哀《こうあい》を知りて、良《まこと》に師教の恩厚《おんこう》を仰《あお》ぐ。慶喜《きょうき》いよいよ至り、至孝いよいよ重し。これに因って、真宗の詮《せん》を鈔《しょう》し、浄土《じょうど》の要を摭《ひろ》う。ただ仏恩の深きことを念じて、人倫《じんりん》の嘲《あざけり》を恥《は》じず。もしこの書を見聞せん者、信順を因とし疑謗《ぎほう》を縁として、信楽《しんぎょう》を願力《がんりき》に彰《あらわ》し、妙果《みょうか》を安養に顕《あらわ》さんと。

※『教行信証』の原文は漢文ですが、ここでは読者の便宜を考え、書き下し文を原文として掲載しました。なおこの書き下し文は、東本願寺出版部発行『真宗聖典』所収のものです。
※掲載した原文は、本書で訳した部分に該当する文に限りました。

【主な参考文献】

『真宗聖典』真宗聖典編纂委員会（東本願寺出版部）／『顕浄土真実教行証文類』（全二巻）本願寺教学伝道研究所・聖典編纂監修委員会（本願寺出版社）／『教行信証』金子大栄校訂（岩波文庫）／『口語訳教行信証』金子大栄（法蔵館）／『教行信証』（全四巻）梅原真隆訳註（角川文庫）／『現代語訳親鸞全集』（六・七・八集）結城令聞監修（講談社）／『親鸞全集』（一・二巻）石田瑞麿訳（春秋社）／『教行信証講義』（全三巻）山辺修学・赤沼智善（法蔵館）／『教行信証に聞く』（全四巻）桐渓順忍（教育新潮社）／『教行信証の意訳と解説』高木昭良（永田文昌堂）／『講解教行信証』（全四巻）星野元豊（法蔵館）／『親鸞の教行信証を読み解く』（全五巻）藤場俊基（明石書店）／『教行証文類講義』（全八巻）信楽峻麿（法蔵館）／『『教行信証』の基礎講座』蓬茨祖運（東本願寺出版部）／『教行信証口述50講』（全三巻）岡亮二（教育新潮社）／『新講教行信証』（全四巻）本多弘之（草光舎・樹心社）／『教行信証御自釈管窺』住田智見（御自釈管窺刊行会）／『昭和新編教行信証御自釈』稲葉秀賢他編（文栄堂）／『教行信証御自釈』小島叡成（東本願寺出版部）／『教行信証「信の巻」聴記』曽我量深（法蔵館）／『教行信証大綱』曽我量深（春秋社）／『教行信証の研究』金子大栄（岩波書店）／『教行信証の哲学』竹内義範（法蔵館）／『教行信証概説』大原性実（平楽寺書店）／『教行信証を学ぶ』村上速水（永田文昌堂）／『教行信証の宗教構造―真宗教義学大系』梯實圓（法蔵館）／『教行信証入門』石田瑞麿（講談社）／『教行信証に学ぶ―生活指針としての念仏』（同朋選書30）平野修（東本願寺出版部）／『教行信証』星野元豊（法蔵館）／『親鸞『教行信証』を読む』石田慶和（筑摩書房）／『『教行信証』の思想』石田慶和（法蔵館）／『教行信証の研究』大谷大学真宗学会（文栄堂）／『教行信証の思想』寺川俊昭（文栄堂）／『『教行信証』入門』矢田了章（大法輪閣）／『懺悔道としての哲学』田辺元（岩波文庫）／『信仰の論理―親鸞とパスカル―』仁戸田六三郎（池田書店）／『親鸞』野間宏（岩波新書）

青春新書
INTELLIGENCE

こころ涌き立つ「知」の冒険

いまを生きる

"青春新書"は昭和三一年に――若い日に常にあなたの心の友として、その糧となり実になる多様な知恵が、生きる指標として勇気と力になり、すぐに役立つ――をモットーに創刊された。

そして昭和三八年、新しい時代の気運の中で、新書"プレイブックス"にその役目のバトンを渡した。「人生を自由自在に活動《プレイ》する」のキャッチコピーのもと――すべてのうっ積を吹きとばし、自由闊達な活動力を培養し、勇気と自信を生み出す最も楽しいシリーズ――となった。

いまや、私たちはバブル経済崩壊後の混沌とした価値観のただ中にいる。その価値観は常に未曾有の変貌を見せ、社会は少子高齢化し、地球規模の環境問題等は解決の兆しを見せない。私たちはあらゆる不安と懐疑に対峙している。

本シリーズ"青春新書インテリジェンス"はまさに、この時代の欲求によってプレイブックスから分化・刊行された。それは即ち、「心の中に自らの青春の輝きを失わない旺盛な知力、活力への欲求」に他ならない。応えるべきキャッチコピーは「こころ涌き立つ"知"の冒険」である。

予測のつかない時代にあって、一人ひとりの足元を照らし出すシリーズでありたいと願う。青春出版社は本年創業五〇周年を迎えた。これはひとえに長年に亘る多くの読者の熱いご支持の賜物である。社員一同深く感謝し、より一層世の中に希望と勇気の明るい光を放つ書籍を出版すべく、鋭意志すものである。

平成一七年　　刊行者　小澤源太郎

著者紹介

加藤智見〈かとう　ちけん〉

1943年、愛知県尾西市(現一宮市)の真宗大谷派光専寺に生まれる。1966年、早稲田大学第一文学部卒業。1973年、早稲田大学大学院文学研究科哲学専攻博士課程修了。早稲田大学・東京大学講師を経て、東京工芸大学教授。現在、東京工芸大学名誉教授。同朋大学非常勤講師。光専寺住職。学道塾主宰。著書に『見つめ直す日本人の宗教心』(原書房)、『親鸞の浄土を生きる』『世界の宗教と信仰』『誰でもわかる浄土三部経』(大法輪閣)、『仏像の美と聖なるもの』(法蔵館)、『他力信仰の本質—親鸞・蓮如・満之』(国書刊行会)、『親鸞とルター』(早稲田大学出版部)、『図説　あらすじでわかる! 親鸞の教え』『図説　あらすじでわかる! 歎異抄』(小社刊)など多数。

図説《ずせつ》　浄土真宗《じょうどしんしゅう》の教《おし》えがわかる!
親鸞《しんらん》と教行信証《きょうぎょうしんしょう》

青春新書
INTELLIGENCE

2012年7月15日　第1刷

著者　加《か》藤《とう》智《ち》見《けん》

発行者　小澤源太郎

責任編集　株式会社プライム涌光

電話　編集部　03(3203)2850

発行所　東京都新宿区若松町12番1号　〒162-0056　株式会社青春出版社

電話　営業部　03(3207)1916　振替番号　00190-7-98602

印刷・共同印刷　製本・ナショナル製本

ISBN978-4-413-04364-9